독도를 지켜 줘!

2008년 11월 25일 초판 1쇄 펴냄
2013년 9월 14일 개정 2쇄 펴냄

펴낸곳 | ㈜꿈소담이
펴낸이 | 김숙희
글 | 아리솔
그림 | 최상훈

주소 | 136-023 서울특별시 성북구 성북동 1가 115-24 4층
전화 | 747-8970 / 742-8902(편집) / 741-8971(영업)
팩스 | 762-8567
등록번호 | 제6-473(2002. 9. 3)

홈페이지 | www.dreamsodam.co.kr
전자우편 | isodam@dreamsodam.co.kr

ⓒ 아리솔, 2008
ISBN 978-89-5689-882-7 73300

● 책 가격은 뒤표지에 있습니다.
● 꿈소담이의 좋은 책들은 어린이와 세상을 잇는 든든한 다리입니다.

한결아, 독도를 지켜 줘!

역사·지리

글 아리솔 | 그림 최상훈

소담 주니어

머리말

삼천리 금수강산에 반만 년의 역사를 가진 나라.

이것이 바로 우리나라 대한민국이에요.

반만 년의 역사를 거쳐 오는 동안, 수많은 외세의 침략을 받았고, 어려운 고비도 수없이 넘겼어요. 하지만 그때마다 우리 조상들은 목숨을 다 바쳐 이 강산, 이 나라를 지켜 왔어요. 만약 조상들의 피와 땀이 없었다면, 지금의 대한민국은 이 지구상에 존재하지 않았을지도 몰라요.

최근들어 중국과 일본이 우리나라 역사를 왜곡하고 있어요. 중국은 동북공정을 통해 고구려 역사를 자기네 역사로 넣으려고 하고 있고, 일본은 일본 교과서에 우리나라 역사를 왜곡해서 기재하고 있어요. 이대로 있다가는 우리나라 역사는 물론 영토까지도 빼앗길지 모르는 상황이에요. 그들은 자기네 나라의 이익을 위해 남의 나라 역사까지도 왜곡하고 있는 거예요.

우리 조상들이 피땀을 흘려 지켜온 우리의 역사와 우리 땅. 그것을 지금의 우리가 굳건하게 지켜야 해요.

우리 조상이 우리에게 삼천리 금수강산, 반만 년의 역사를 물려주셨듯, 우리도 우리 후손에게 삼천리 금수강산 반만 년의 역사를 물려줘야 하거든요.

이 책에는 최근 문제가 되고 있는 역사 왜곡 문제, 근현대사 문제를 중점적으로 다뤘어요.

우리가 어떻게 해야 우리의 역사와 땅을 지킬 수 있는지 고민해 보세요.

아리솔

등장인물

아빠

회사원. 친일파 조상이 남겨준 재산을 포기한 것을 자랑스러워한다. 가끔씩 강화도에 있는 마니산에 올라 기를 잔뜩 받고 온다.

엄마

가끔은 물방울 다이아몬드를 끼고 동창회에 나가는 꿈을 꾼다.

한결

초등학교 5학년에 다니는 똑똑한 남자 아이. 역사 공부는 어렵다고 생각하지만 생활 속에서 하나씩 역사의 진정한 의미를 터득해 간다.

한국

한결이의 동생. 아직 유치원생이라 철이 없고 형 한결이를 괴롭힌다. 가끔씩 엉뚱한 짓을 저질러 사람들을 놀라게 한다.

증조할아버지

젊었을 때 독립운동을 하셨다. 해마다 8.15 광복절이 되면 광복절 행사에 참석하기 위해 시골에서 올라오신다.

차례

역사

역사 공부는 너무 지겨워 |역사 공부 왜 할까?|	12
아빠가 친일파 후손? |친일파 후손의 땅 찾기|	26
호루라기 할아버지 |6·25 전쟁|	40
독재는 못 참아! |광주 민주화 운동|	54
어느 일본인 손님 |일본의 교과서 왜곡|	68
증조할아버지가 탑골공원으로 간 이유 |광복절|	82
텔레비전 쟁탈 전쟁 |역사 드라마의 허와 실|	96
나는 고구려의 후손이다! |중국의 동북공정|	110

지리

산골 소년 민재의 서울 나들이 |서울 600년|	126
김정호 따라하기 |지도|	140
체링이 원하는 세상 |티베트 문제|	154
강화도에서 생긴 일 |강화도|	168
팥죽 속 새알심의 정체 |동지|	182
뭉치면 살고 흩어지면 죽는다 |유럽 연합|	196
앗! 땅이 흔들린다 |지진|	210
이름을 바꿔 주세요 |동해? 일본해?|	224

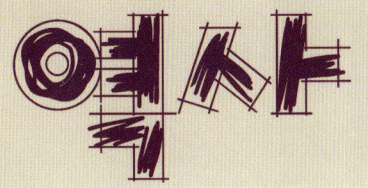

동북공정이라는 말 들어 봤나요? 중국이 우리 역사를 자기네 역사로 만드는 거잖아요. 너무 괘씸해요. 우리가 지지 않으려면 우리의 역사를 잘 알고 있어야 해요. 우리는 위대한 대한민국 국민이니까요!

역사 공부는 너무 지겨워

독재는 못 참아!

아빠가 친일파 후손?

증조할아버지가 탑골공원으로 간 이유

나는 고구려의 후손이다!

역사 공부는 너무 지겨워

역사 공부 왜 할까?

"어유, 지겨워."

한결이는 사회책을 펼치며 자기도 모르게 중얼거렸다.

한결이는 사회 시간이 가장 싫다. 그중에서도 역사 문제만 나오면 지끈지끈 머리가 아프다. 시험 성적 중에서도 사회 점수가 가장 낮다.

사회 공부를 할 때마다 이가 바드득 갈린다. 왜 그렇게 외워야 할 것은 많고, 왜 그렇게 역사는 복잡한지 모르겠다.

선생님이 사회책을 펼쳐들고 아이들에게 질문했다.

"여러분들 중 우리나라 역사가 얼마나 됐는지 아는 사람?"

우리 반에서 일등인 규철이가 자신 있게 대답했다.

"오천 년입니다."

선생님이 웃으며 말했다.

"맞아요. 우리 역사를 흔히들 반만 년의 역사라고 하지요? 반만 년은 만 년의 반이라는 뜻으로 오천 년이에요. 나이로 따지면 오천 살이 된 거예요. 대단하죠?"

어유. 한결이는 자신도 모르게 한숨을 푹 내쉬었다. 오천 년 동안에 일어난 일을 다 외워야 하다니, 눈앞이 깜깜하다. 차라리 미국처럼 200년 정도 됐으면 외울 것도 별로 없을 텐데.

선생님이 고조선에 대해서 설명을 시작했다. 한결이의 눈꺼풀이 점점 무거워졌다. 바로 전 시간이 점심시간이었다. 한결이가 좋아하는 한우 불고기가 나와서 잔뜩 먹었더니, 배가 점점 불러온다.

교실 안은 후텁지근했다. 배는 부르고, 날씨는 덥고, 가장 싫어하는 사회 시간에, 선생님 말소리는 자장가 같다. 드디어 한결이는 꾸벅꾸벅 졸기 시작했다.

달려라, 달려.

한결이는 드넓은 초원을 달리기 시작했다. 잘 길들여진 말이 신나게 초원을 달렸다. 저 멀리 살찐 멧돼지가 걸음아 날 살려라, 도망치고 있었다. 한결이는 말 위에서 활을 당겼다. 화살은 자석에 끌리듯 정확히 멧돼지 머리에 맞았다. 멧돼지가 외마디 비명을 지르며 쓰러졌다.

한결이는 자기 몸보다 훨씬 큰 멧돼지를 말에 매달고 집으로 향했다.

'이제 이 멧돼지 한 마리만 있으면 온 마을 사람들이 배불리 먹을 수 있겠구나. 오늘 밤에는 모두가 모여서 흥겨운 잔치를 벌여야겠어.'

그런 생각을 하면서 마을 입구에 다다랐을 때였다. 마을 여기 저기에서 연기가 올라오고 있었다.

왠지 불길한 예감이 들었다.

이랴!

한결이는 말에 채찍을 가했다. 말은 사납게 마을을 향해 달렸다.

마을은 온통 쑥대밭이 되어 있었다. 집들은 불에 활활 타고 있었고, 남자들은 피를 흘리며 쓰러져 있었다. 아이들은 주저앉아 울고 있었고, 노인들은 멍하니 정신나간 것처럼 앉아 있었다.

한결이는 말에서 내렸다. 한 남자가 다 죽어 가는 목소리로 말했다.

"웃, 웃나라에서 우릴 공격했소. 여자들을 다 잡아 갔소."

한결이는 몸을 부르르 떨었다.

웃나라는 힘이 막강하다. 엄청난 군대를 이끌고 와서 총과 폭탄으로 사람들을 죽이고 재물을 약탈해 갔다.

마을 사람들은 웃나라에 맞서서 싸웠다. 하지만 마을 사람들이 갖고 있는 칼이나 활 같은 무기로는 첨단 무기를 당해 낼 수가 없었다.

더구나 몇 명 되지 않는 마을 남자들이 엄청난 수의 군대를 상대하기란 계란으로 바위 치기나 마찬가지였다.

억울하고 분하지만 할 수 없는 일이었다. 힘이 약하기 때문에 어떻게 대항해 볼 방법이 없었다.

한결이는 부상당한 남자들을 간호해 주고, 울고 있는 아이들을 돌봐주었다. 잡아 온 멧돼지를 굶주린 사람들에게 먹였다.

그로부터 몇 년이 지났다. 마을은 다시 평화를 되찾았다. 사람들이 열심히 일한 결과 창고에는 곡식도 쌓였고, 인구도 늘어나고 마을도 넓어졌다.

마을에는 평화가 찾아왔다. 하지만 그 평화는 오래 가지 못했다. 이번에는 아랫나라가 쳐들어 온 것이다.

청년들은 목숨을 걸고 마을을 지켰다. 하지만 아랫나라의 첨단 무기를 당해 내지는 못했다.

한결이와 청년들은 아랫나라 군사들에게 사로잡히고 말았다.

아랫나라 군대 대장이 비열한 웃음을 흘리며 말했다.

"너희들은 이 땅에서 나가 줘야겠다."

한결이는 울분에 가득 찬 목소리로 소리쳤다.

"여긴 우리 땅이다. 너희들이 뭔데 우리더러 나가라고 하느냐?"

아랫나라 대장은 한결이를 노려보며 말했다.

"여긴 원래부터 우리 땅이었다. 억울하면 너희들도 힘을 길러서 나라를 만들어라."

"두고 봐라. 언젠가는 이날의 치욕을 꼭 갚고야 말겠다. 우리도 나라를 세울 것이다. 그 나라 이름은 고구려라고 할 것이다. 똑똑히 기억해라. 내 이름은 주몽이다."

그때 갑자기 귀에 익은 목소리가 크게 들려왔다.

"방금 주몽이라고 했냐?"

주몽? 누구지? 내 이름을 함부로 부르는 자가?

한결이는 고개를 번쩍 들었다. 선생님이 한결이 바로 앞에까지 와서 한결이를 내려다보고 있었다.

한결이는 얼떨떨한 얼굴로 교실 안을 둘러보았다. 아이들이 한결이를 보고 웃고 있었다. 그럼 지금까지 꿈이었단 말인가? 꿈속에서 들었던 그 목소리는 바로 선생님?

한결이는 고개를 푹 숙였다. 얼굴이 불에 붙은 것처럼 화끈거렸다.

선생님이 씽긋 웃고 나서 말했다.

역사 공부는 너무 지겨워 17

"한결이 이 녀석. 얼마나 사회 시간이 싫었으면 그렇게 깊은 잠이 들어서 잠꼬대까지 하냐? 네가 고구려를 세웠다고? 네 이름이 주몽이라고?"

아이들이 또다시 웃음을 터트렸다. 한결이는 쥐구멍이라도 있으면 들어가고 싶은 심정이었다.

선생님이 한결이 어깨를 톡 치고 나서 말했다.

"자, 그렇게 졸리면 저 뒤로 가 서서 수업 들어라."

한결이는 교과서를 들고 일어나 뒷자리로 가서 서 있었다. 잠은 이미 확 달아난 뒤였다.

선생님이 반 아이들에게 물었다.

"너희들 역사 시간이 지겹지?"

아이들이 일제히 합창하듯 대답했다.

"예!"

한결이도 모기만 한 목소리로 대답했다.

"예."

선생님은 아이들을 둘러보며 말했다.

"역사를 외우려고 하니까 지겨운 거란다. 역사는 외우는 게 아냐.

이해를 해야 돼. 우리 민족이 살아온 과정을 하나의 긴 이야기로 이해해 보렴. 아주 길고 방대하고 흥미진진한 이야기 속에 푹 빠지듯 역사 속에 푹 빠진다면 지루하지 않을 거다. 그리고 너희들은 이렇게 길고 방대한 역사 속에 살아 있다는 것을 자랑스럽게 생각해야 한다."

한결이는 칠판 위를 올려다보았다. 거기 태극기가 자랑스럽게 걸려 있었다. 창밖을 보았다. 이순신 장군과 단군 동상이 사이좋게 서 있었다.

잠깐 졸았지만 꿈에서 경험했던 일은 실제 일어난 일처럼 생생했다. 힘이 없어 여러 이웃나라에게 차례로 침략을 당했던 일, 힘을 길러 나라를 세워 보겠다고 결심했던 일.

차라리 꿈이었던 게 다행이라는 생각이 들었다. 만약 지금도 나라가 없다면 어떻게 됐을까?

한결이는 가슴을 쓸어내렸다.

'휴, 나라와 역사가 있다는 게 얼마나 다행이야.'

한결이는 사회책을 펼쳐 들었다. 어느새 졸음은 싹 달아나 버렸다.

역사 공부는 너무 지겨워 21

역사 공부, 꼭 해야 할까?

대부분의 학생들이 과목 중에서 '사회'와 '역사'를 어렵다고 해요. 연도와 지명, 인명을 외울 게 많기도 하고, 사건도 외워야 하기 때문에 어렵지요. 중학교에서는 아예 역사 과목을 빼기도 했어요.

하지만 역사가 어렵다고 해서 역사를 외면해서는 안 돼요. 역사는 바로 지금의 우리들 자신이고 우리들의 과거이자 미래니까요.

우리 개개인이 모여 사회가 되고, 그 사회가 모여 한 나라가 되는 거예요. 나라는 하루아침에 이루어진 게 아니에요. 어느 나라는 수천 년의 역사를 갖고 있고, 또 다른 나라는 고작 몇백 년의 역사를 갖고 있기도 해요. 새롭게 탄생한 나라도 있고, 지구상에서 영영 사라진 나라도 있어요.

우리나라의 역사는 5천 년이 넘어요. '모든 사람을 이롭게 한다'는 홍익인간의 건국이념으로 우리나라가 세워졌어요.

우리 민족은 5천 년의 역사 속에서 수많은 사건을 경험했어요. 크고 작은 전쟁도 수없이 겪었고, 때로는 남의 나라 식민지가 되기도 했어요. 외세의 침략도 많이 받았어요. 그때마다 우리 조상들은 목숨을 버려 가면서 싸워 이 나라를 지켰어요.

만약 그때 조상들이 우리나라를 제대로 지키지 못했다면, 지금 우리는 다른 나라의 식민지로 살아가야 했을 거예요. 지금도 이 지구에는 강대국의 식민지로 살아가는 나라들이 많거든요.

참담한 역사도, 찬란한 역사도 모두 우리의 역사예요. 우리 조상들은 어떤 경우라도 결코 포기하지 않고 이 나라를 지켜 왔어요.

우리 조상들이 우리의 역사와 땅을 지켜 왔듯이 우리도 우리 역사와 땅을 지켜 후손들에게 물려줄 의무와 책임이 있어요. 그러기 위해서는 우리의 바른 역사를 알고 역사 속에서 우리가 나아갈 방향을 찾아야 해요.

수천 년의 역사가 내 피 속에 흐르고 있어요. 또 내 피 속에 흐르는 역사는 우리의 후손들 몸속에도 흐르게 될 거고요. 과거를 알아야 현재도 알 수 있고, 현재를 알아야 더 나은 미래를 건설할 수 있어요. 과거의 역사를 통해 나쁜 점은 버리고 좋은 점은 취해, 나쁜 역사를 되풀이하지 않는다면 미래는 더 발전할 수 있을 테니까요.

우리의 역사를 알지 못하면 현재도 알 수가 없어요. 미래는 더더욱 알 수 없고요. 그것이 바로 우리가 역사를 공부해야 하는 이유예요. 오늘 현재 우리가 살고 있는 이 시간도 언젠가는 후손들에게 역사의 한 페이지로 기억될 거예요.

 역사 공부 잘하는 법

♣ 연표, 월표 확실히 외우기

연표란 매년 일어난 중요한 일을 간략하게 기록한 것이고, 월표는 매월 일어난 일을 기록한 것이다. 중요한 사건을 연대별로 적어 놓았기 때문에 연표를 확실히 이해하면 역사의 전체적인 의미를 파악하게 된다.

♣ 범례를 중요시하라

역사책 앞에는 전체적인 개요나 차례가 있다. 범례란 '일러두기'라는 뜻으로 그 시대 역사의 전체적인 내용을 담고 있다.

♣ 자신만의 연표를 만들자

중요한 사건이나 주제들을 체크해 둔다. 나중에 이 연표를 보게 되면 우리나라 전체의 역사를 한눈에 볼 수 있다.

♣ 세부적인 것보다 전체적인 것을 본다

각 시대별로 그 시대의 특징을 잘 잡아 내고 그 시대 사람들의 생각을 공감한다. 누가 무슨 일을 했느냐가 중요한 게 아니라 그 시대에 그런 일을 할 수밖에 없었던 배경을 이해한다.

역사 공부를 잘할 수 있는 자신만의 방법이 있으면 적어 보세요.

아빠가 친일파 후손?

역사 2

친일파 후손의 땅 찾기

아빠가 서류 봉투 하나를 들고 집 안으로 뛰어 들어왔다. 아빠는 신발도 벗지 않고 마루로 뛰어 올라와서 소리쳤다.

"우리도 이제 부자다!"

방에 있던 한결이와 한국이가 밖으로 뛰어나갔다. 엄마도 안방에서 뛰어나왔다.

아빠는 금방이라도 뻥 터질 것처럼 흥분된 얼굴로 말했다.

"이제 고생 끝, 행복 시작이야."

엄마는 우선 아빠의 흥분을 가라앉히기 위해 물을 떠다 주었다. 한결이와 한국이는 아빠를 소파에 앉혔다. 아빠는 노란 서류 봉투를 들고 좋아서 어쩔 줄 모르는 표정으로 물 한 컵을 벌컥벌컥 마셨다.

엄마가 차분한 목소리로 물었다.

"도대체 뭔데 그래? 로또라도 당첨됐어?"

아빠는 노란 봉투를 흔들며 말했다.

"그런 걸 왜 사? 이게 있는데?"

한결이가 노란 봉투를 보며 물었다.

"도대체 이 안에 뭐가 들었는데요?"

아빠가 한결이 뺨을 톡 치며 말했다.

"너 사고 싶은 거 있음 다 말해."

그 말이 떨어지기가 무섭게 한국이가 말했다.

"아빠, 난 게임기하고 장난감하고 맛있는 거 많이 사 주세요."

엄마가 그런 한국이를 보며 혀를 끌끌 찼다.

"철없는 것. 우리가 뭐 갑부인 줄 아니?"

아빠가 재빨리 말했다.

"이제부터 갑부가 될 거야. 잘 봐. 이게 뭐냐 하면 바로 땅문서야."

아빠가 드디어 노란 봉투에서 뭔가를 꺼냈다. 두꺼운 종이가 나왔다. 엄마가 종이를 들여다보았다. 아빠가 들뜬 목소리로 말했다.

"우리 증조할아버지가 나한테 물려준 땅이야. 이걸 팔면 오억 원이나 돼. 흐흐. 이게 꿈이냐, 생시냐."

엄마가 놀란 얼굴로 물었다.

"뭐? 오, 오, 오억? 증, 증, 증조할아버지가?"

한결이는 무슨 말인지 몰라서 두 눈을 말똥말똥 뜨고 아빠만 보고 있었다. 아빠가 흥분이 가시지 않은 목소리로 말했다.

"사실 몇 년 전부터 우리 증조할아버지가 남긴 땅이 있다는 소식을 들었어. 그동안 꾸준히 그 땅을 찾으러 다녔거든. 그런데 이제야 발견한 거야. 증조할아버지가 어마어마한 갑부셨대."

"그 땅이 어디 있는데? 진짜 우리 땅이야?"

아빠가 정색을 하고 말했다.

"아니. 재판을 해야 돼. 지금은 국가 소유지만, 이 서류만 있으면 우리 땅이라는 게 밝혀져서 아마 재판에서 이길 수 있을 거야."

한결이는 도대체 어른들이 무슨 말을 하는지 알 수 없었다. 하지만 아빠가 저렇게 좋아하는 것을 보니 머지않아 큰 부자가 될 것이라는 생각이 들었다.

오억이면 얼마나 큰돈일까? 아빠가 일년에 버는 돈이 오천만 원 정도라고 한다. 한결이는 계산기를 두드려 보았다. 아빠가 십년 동안 한푼도 안 쓰고 월급을 모아야 겨우 모을까 말까한 돈이다. 그렇게 계산해 보니까 정말이지 엄청나게 큰돈이었다.

그런데 이상하다. 아빠의 증조할아버지라면 나한테는 고조할아버지인데, 고조할아버지는 어떻게 그 많은 돈을 아빠한테 물려주게 됐을까? 고조할아버지는 어떻게 그 많은 돈을 모으셨을까?

아빠가 친일파 후손?

아빠는 틀림없이 그 땅을 찾을 수 있다고 장담했다. 그 땅은 지금 나라에서 갖고 있지만 재판을 걸면 100전 100승 아빠가 이길 수 있을 것이라고 했다.

한결이네 식구는 모두 꿈에 부풀었다. 오억 원이 들어오면 그 돈으로 무엇을 할지 계획을 짜느라 바빴다.

아빠는 여름이면 바다에 나가서 탈 보트를 사겠다고 했다. 엄마는 평생 꼭 한번 갖고 싶었던 물방울 다이아몬드를 사고 싶다고 했다. 물방울 다이아몬드 반지를 끼고 동창회에 나가고 싶다는 것이다.

한국이 꿈은 비교적 소박했다. 자기 방을 우주선처럼 꾸며 주고, 그 방에 먹을 것과 게임기로 가득 채워 달라는 것이었다.

한결이는 돈이 생기면 무엇을 할지 아직 생각해 보지 않았다. 그것보다 과연 그 돈이 들어올 수 있는지 그것이 궁금했다.

아빠는 나라를 상대로 재판을 했다. 재판은 쉽게 끝날 것 같지 않다고 했다. 길고 긴 싸움이지만 아빠는 절대 포기하지 않겠다고 했다. 재판에서 이기는 그날까지 식구들은 잠시 꿈을 접기로 했다.

어느 날 밤, 아빠가 침울한 얼굴로 돌아왔다. 아빠는 아무 말도 하지 않고 방으로 들어갔다. 그 다음날도, 또 그 다음날도 아빠 얼굴은 점점 더 어두워졌다. 엄마가 왜 그러느냐고 물어도 아빠는 피곤하다는 말만 하고는 아무 말도 하지 않았다.

아빠가 술을 마시고 오는 날도 많아졌다. 술을 잘 마시지 않는 아빠였다. 한결이는 아빠한테 뭔가 안 좋은 일이 일어나고 있다는 것을 눈치챘다. 혹시 재판에서 진 걸까?

한밤중에 한결이는 오줌이 마려워 자리에서 일어났다. 조용히 거실을 지나 화장실에 가려는데, 안방에서 아빠 엄마 말소리가 들려왔다.

아빠가 침울한 목소리로 말했다.

"아무래도 재판을 포기해야 할 것 같아."

엄마가 놀란 목소리로 물었다.

"아니, 오억 원을 포기하겠다는 거야? 절대 안 돼."

"모든 사실을 다 알아 버렸는데 어떻게 그 땅을 찾아?"

"남들도 다 그렇게 해. 우리가 그런 것도 아니잖아. 당신 증조할아버지가 한 짓이라고. 우리는 그냥 땅만 찾으면 돼."

아빠가 약간 날카로운 목소리로 말했다.

"자손 대대로 손가락질 받게 될 거야. 우리 조상이 친일파였어. 나라 팔아먹은 돈으로 떵떵거리면서 살면 뭐해?"

한결이는 깜짝 놀랐다. 우리 조상이 친일파였다니, 그게 무슨 말이지? 혹시 그 땅이 친일파와 관계가 있는 건 아닐까?

아빠와 엄마는 한동안 아무 말도 없었다. 한결이는 참다 못해 안방으로 들어갔다. 아빠 엄마가 깜짝 놀란 얼굴로 한결이를 보았다.

한결이는 아빠한테 물었다.

"아빠, 우리 조상이 친일파였어요? 고조할아버지가 남겨 준 게 바로 그 땅이었어요?"

아빠가 어두운 얼굴로 고개를 끄덕였다.

"그래. 며칠 전에 알았다. 너희 고조할아버지가 을사조약에 관여한

친일파였다는 걸 말이다."

한결이는 문득 증조할아버지 생각이 났다. 지금도 시골에 살고 계신 증조할아버지는 젊었을 때 독립운동을 했다고 했다. 비록 이름은 알려지지 않았지만, 숨어서 독립운동을 했다고 했다. 한결이는 그런 증조할아버지가 자랑스러웠다. 그런데 그런 증조할아버지의 아버지가 친일파였다니, 믿어지지가 않았다.

아빠가 무거운 목소리로 말했다.

"내가 어렸을 때 할아버지는 한 번도 증조할아버지 얘기를 안 하셨어. 제사도 안 지내셨지. 아, 딱 한번 이 말씀은 하셨어. 내가 독립운동을 한 건 다 너희 증조할아버지 때문이다. 이제 생각해 보니까 할아버지가 왜 독립운동을 하셨는지, 왜 증조할아버지가 남긴 땅을 찾지 않으셨는지 알 것 같구나."

아빠가 고개를 푹 숙였다.

한결이는 방으로 가서 종이에 가계도를 그려 보았다.

나 12세,

아빠 40세,

친할아버지 63세,

증조할아버지 80세(독립운동가),

고조할아버지(친일파)

'내 몸속에 친일파의 피와 독립운동가의 피가 섞여 있었다니.'

한결이는 그 충격으로 잠을 이룰 수 없었다.

아빠는 결국 그 땅을 포기했다. 식구들도 더 이상 땅 얘기는 꺼내지 않았다.

다음 날, 한결이네 식구는 정신대 할머니들이 모여 사시는 나눔의 집으로 자원봉사를 하러 갔다. 앞으로 식구들은 매주 나눔의 집으로 가서 자원봉사를 하기로 결정했다.

친일 청산을 제대로 하지 못한 이유

　일제강점기 때 많은 조선 사람들이 일본에 협력했어요. 일본의 앞잡이가 되어 독립투사들을 잡아들이고 백성들의 재산을 빼앗아 일본에 바치는 일에 앞장섰지요. 작가나 시인 등 지식인들은 젊은 이들에게 일본군이 되어 일본을 위해 목숨을 바치라고 선전하기도 했어요. 조선일보 등 신문들도 앞장서서 일본왕에게 충성하자고 선전했어요.

　이렇게 일본에 협력한 사람들을 '친일파'라고 해요. 독립운동가들보다 친일파들 숫자가 훨씬 더 많았어요. 해방이 되자 우리 국민들은 친일파들을 처단해야 한다고 주장했어요. 그래서 정부에서는 친일파들을 처리할 수 있는 '반민족특별위원회' 즉, '반민특위'를 구성해서 친일파를 찾아 처벌하려고 했어요.

　하지만 반민특위는 얼마 안 가 해체되고 말았어요. 대한민국 정부를 구성하려고 보니 많은 인재들이 필요했는데, 인재들 대부분이 친일파였던 거예요. 일제강점기 때 독립운동을 하던 인사는 극소수였고, 일본에 협력하던 친일파들이 대부분이었어요.

하는 수 없이 대한민국 임시정부에서는 친일파들을 주요 요직에 임명했어요. 그렇게 해서 우리나라 식량을 빼앗아 일본에 건네 주는 일을 했던 식산과장이 대한민국 상공장관이 되었어요. 일본의 앞잡이 노릇을 하던 특무대장은 한국군의 특무대장이 되었고, 우리나라 여자를 일본군 위안부로 보내는 일을 했던 사람이 국무총리까지 지내게 되었어요.

이런 친일 세력들은 세월이 갈수록 더 승승장구하게 됐어요. 이들은 6·25 전쟁이 나고 나서부터 다시 친미파가 되어 미국에 협력했지요. 6·25 전쟁에서 공을 세운 사람들 중에도 친일파가 많았기 때문에 군사정권이 들어서면서 친일파들이 더 세력을 키우게 된 거예요. 결국 대한민국의 기틀을 마련한 사람들이 친일파 출신이었기 때문에 친일파 처벌이 어려워질 수밖에 없었어요.

현재 친일파들은 정치, 경제계를 주름잡고 잘살고 있어요. 독립군 후예나 일본에게 강제 징용됐던 사람들은 힘들게 살아가고 있고요. 이것은 우리나라가 친일 청산을 제대로 하지 못했기 때문이에요.

나라를 팔아먹은 이완용의 후손들이 과거 조상들의 땅을 찾겠다고 소송을 벌여, 법원에서 승소 판결을 받았어요. 결국 법원이 이완용 후손들의 손을 들어준 거예요. 다른 친일파의 후손들도 연이어 조상 땅을 찾기 위한 소송을 벌이고 있어요. 반면 독립운동가 후손들은 지금도 대부분 어렵게 살고 있어요.

독립운동가 집안은 3대가 망하고, 친일파 후손들은 대대손손 떵떵거리며 잘사는 사회, 이것이 바로 대한민국의 현실이에요.

 나라를 팔아먹은 다섯 명의 매국노, 을사오적

을사오적 – 1905년 일제가 한국의 외교권을 박탈하기 위해 강제로 체결한 을사조약에 찬성하여 나라를 팔아먹은 5명의 대한제국 대신들

♣ 이완용 (1858~1926)
- 1895년 학부대신·중추원의관 역임
- 1896년 아관파천 때 친러파로서 외부대신·농상공부대신 서리를 겸직
- 1901년 궁내부 특진관으로 있다가 친일파로 전향
- 1905년 학부대신으로 승격되고 11월 을사조약 체결 지지, 서명
- 1905년 의정대신서리·외부대신 서리를 겸직
- 1907년 의정부를 내각으로 고치고 이토 히로부미의 추천으로 내각총리대신이 됨
- 1907년 고종에게 헤이그밀사사건의 책임을 추궁하고 순종을 즉위시킴
- 1910년 일본과 한일병합조약을 체결, 조선총독부 중추원 고문
- 1920년 후작에 올라 죽을 때까지 일본에 충성을 다함

♣ 박제순 (1858~1916)
- 1894년 갑오농민전쟁 당시 충청감사로 농민군 진압
- 1905년 한규설 내각의 외부대신으로 을사조약에 서명
- 1909년 이완용 내각의 내부대신이 됨
- 1910년 8월 국권피탈조약에 서명, 자작이 됨

♣ 권중현 (1854~1934)
- 1904년 러일전쟁 중인 일본군 위문 공로로 일본의 훈1등 팔괘장 받음
- 1905년 을사조약 체결에 찬성
- 1910년 일본의 자작이 되고, 조선총독부 중추원과 조선사편수회의 고문 역임

♣ 이지용
- 1904년 외부대신 서리로 한일의정서에 조인
- 1905년 내부대신 때 을사조약에 서명
- 1907년 중추원 의장이 됨
- 1910년 한일합방의 공으로 백작이 되고, 중추원 고문에 임명됨

♣ 이근택 (1865~1919)
- 1905년 군부대신 때 을사조약에 서명
- 1910년 한일합방의 공으로 자작이 되고, 조선총독부 중추원 고문에 임명됨

친일파 청산은 왜 해야 하는지 그 이유를 생각해 보세요.

호루라기 할아버지

역사3

6·25 전쟁

피~용.

총알이 날아왔다. 한결이는 총알을 피해 건물 뒤로 숨었다. 잠잠하다. 조용히 고개를 내민다. 나무 뒤에 숨어 있는 적의 허벅지가 보였다. 이때다. 한결이는 적의 허벅지를 향해 냅다 총을 갈겼다.

따따따땅.

총알들이 날아가서 허벅지에 맞았다. 아얏. 적이 소리를 지르며 달

아났다. 한결이는 재빨리 적이 있는 곳으로 뛰어갔다. 총을 맞은 적은 다리를 절뚝이며 건물 뒤쪽으로 달아났다.

"꼼짝 마!"

한결이는 계속 총을 쏘며 뒤따라갔다. 새하얀 총알이 바닥에 우박처럼 우두둑우두둑 떨어졌다.

적은 멀리 도망가지 못했다. 총을 쏘면 바로 맞출 수 있는 사정거리에

있었다. 한결이는 적을 향해 인정사정없이 총을 쏘아대기 시작했다.

그때였다. 어디선가 청천벽력 같은 소리가 들려왔다.

"네 이놈들, 그만두지 못하겠느냐?"

한결이는 방아쇠를 놓았다. 이쪽을 향해 총을 쏘던 경태도 그제야 총쏘기를 멈췄다.

한결이와 경태 가운데로 한 할아버지가 분노에 가득 찬 얼굴로 절뚝거리며 걸어왔다.

경태가 할아버지를 알아보고 소리쳤다.

"앗, 호루라기 할아버지다."

한결이도 호루라기 할아버지를 알고 있었다. 학교 앞 큰 길에서 아침마다 교통정리를 하는 할아버지였다. 아이들은 할아버지를 호루라기 할아버지라고 불렀다.

호루라기 할아버지는 한결이가 이 학교에 입학하기 전부터 교통정리를 했다. 호루라기 할아버지는 걸을 때 절둑거린다. 그래서 어떤 아이들은 할아버지를 절름발이 할아버지라고도 부른다.

"이리 내놓아라."

호루라기 할아버지는 한결이가 들고 있던 총을 빼앗았다. 한결이는 총을 빼앗기지 않으려고 했다. 하지만 할아버지의 완강한 힘에 밀려 총을 빼앗기고 말았다. 할아버지는 경태 총도 빼앗았다.

"사람 다치면 어쩌려고 길에서 총질이냐?"

경태가 심통이 가득 찬 얼굴로 말했다.

"에이, 할아버지. 그 총 이리 주세요."

한결이도 손을 내밀며 말했다.

"여기서 총싸움 안 할 테니까 주세요."

하지만 할아버지는 화가 잔뜩 난 표정으로 소리쳤다.

"네놈들이 전쟁을 아느냐?"

한결이는 슬며시 화가 났다. 물론 사람들이 지나다니는 주택가에서 총싸움 놀이를 한 건 잘못이다. 그렇다고 총까지 빼앗고 저렇게 화를 낼 필요는 없는데, 하는 생각이 들었다.

경태는 할아버지가 들고 있는 총을 살짝 빼내며 말했다.

"제 총 주세요."

할아버지는 총을 더 높이 들었다.

"못 준다, 이 녀석들아. 난 이 총만 보면 소름이 쫙쫙 끼친다. 이 총 찾고 싶으면 우리 집으로 와라."

경태가 볼멘 목소리로 물었다.

"할아버지 집이 어딘데요?"

"따라와 보면 알아."

한결이와 경태는 하는 수 없이 호루라기 할아버지를 따라갔다.

호루라기 할아버지네 집은 골목을 한참 걸어간 뒤, 층계를 올라가서도 한참을 더 걸어가서야 나타났다.

할아버지는 층계를 겨우 올라갔다. 한쪽 다리가 불편해서 겨우 난간을 잡고 올라가야 했다.

경태가 숨이 차서 헥헥거리며 물었다.

"어휴, 할아버지. 이렇게 먼데 매일 학교 앞까지 다니시는 거예요?"

한결이도 호루라기 할아버지가 놀랍기만 했다. 일학년에 처음 입학해서 지금까지 호루라기 할아버지는 하루도 빠짐없이 학교 앞에서 교통정리를 해 주셨다.

호루라기 할아버지는 대꾸도 하지 않고 녹이 슨 대문을 열고 안으로 들어갔다.

호루라기 할아버지가 혼자 사는 집은 무척이나 낡았다. 방 안에는 지저분한 물건들이 가득 널려 있었다.

경태가 잔뜩 겁에 질린 표정으로 호루라기 할아버지에게 사정했다.

"할아버지. 이제 총 주세요. 이젠 안 쏠게요, 네?"

하지만 호루라기 할아버지는 대답 대신 장롱 위에서 낡은 상자를 내렸다. 호루라기 할아버지가 상자를 가리키며 말했다.

"이걸 열어 보아라."

한결이가 상자 뚜껑을 열었다.

경태가 상자 안을 들여다보다가 감탄한 얼굴로 말했다.

"우아, 이게 다 뭐야?"

한결이는 상자 안을 들여다보았다. 상자에는 낡은 교복과 사진들, 운동화와 탄피 등이 들어 있었다.

경태가 교복을 들어서 펼쳐보며 말했다.

"할아버지가 입으셨던 교복이에요?"

호루라기 할아버지가 말없이 고개를 끄덕였다. 한결이와 경태는 사진을 들여다보았다. 교복을 입고 총을 든 학생들이 폐허가 된 도시를 배경으로 찍은 사진이었다. 태극기를 들고 있는 사진도 있었다.

경태가 호기심 가득한 얼굴로 물었다.

"이게 언제예요?"

호루라기 할아버지가 잠시 생각에 잠기더니, 천천히 입을 열었다.

"이건 바로 6·25 전쟁 때란다. 내가 너희들만 한 나이였지. 그때 나는 총을 들고 북한군과 맞서 싸웠어. 몇 번이나 죽을 고비도 넘겼고, 내 동료들이 옆에서 죽어 나가는 것도 수없이 봤단다. 너희들이 총을 갖고 노는 것을 보니 옛날 내 생각이 나더구나."

호루라기 할아버지는 잠시 말을 잇지 못했다. 한결이는 놀라서 물었다.

"정말 우리 나이 때 전쟁터에 나가서 싸웠단 말이에요? 진짜 총을 갖고?"

"그때 입었던 교복이다. 이래도 못 믿겠느냐?"

한결이는 의심쩍은 눈으로 교복을 다시 한번 보았다. 낡은 교복에는 '김만복'이라는 이름표가 붙어 있었다.

잠시 후, 호루라기 할아버지가 무척이나 슬픈 표정으로 말했다.

"너희들은 전쟁을 모르지? 하지만 나는 모든 걸 다 봤어. 전쟁은 지옥이야. 어제까지 내 옆에 있던 동료가 바로 내 옆에서 피를 흘리며 죽어 갔지. 너희들에게는 총이 단순히 장난감이겠지만, 우리에게 총은 바로 목숨과도 같았단다."

호루라기 할아버지 47

한결이와 경태는 아무 말도 하지 못했다.

호루라기 할아버지도 사진을 들여다보며 한동안 생각에 잠겼다.

경태가 갑자기 할아버지 다리를 가리키며 말했다.

"그럼 이 다리도 그때 다치신 거예요?"

호루라기 할아버지는 말없이 교복을 펼쳐 보였다. 교복 바지 중간쯤에 얼룩이 묻어 있었다.

호루라기 할아버지가 물었다.

"이게 뭐 같니?"

한결이가 재빨리 대답했다.

"혹시 피 아니에요?"

호루라기 할아버지가 빙긋 웃고 나서 말했다.

"녀석. 눈치 하나는 백단이구먼. 맞어. 이건 핏자국이야. 그날 우리 부대는 고지를 점령하기 위해 북한군과 맹렬히 전투를 벌였어. 하지만 적의 공세가 만만치 않았지. 우리는 작전상 후퇴를 하기로 했어. 그런데 동료 하나가 총에 맞아 걸을 수가 없었어. 너무 급박한 상황이었는데, 내가 그 동료를 구하려고 달려갔지, 뭐."

경태가 재빨리 말했다.

"그래서 할아버지도 총에 맞으셨구나."

호루라기 할아버지가 고개를 끄덕이고 나서 말했다.

"그래. 다행히 목숨은 건졌지만, 다리 한쪽은 못 건졌지."

호루라기 할아버지는 바지를 걷어 올렸다. 플라스틱 가짜 다리가 드러났다. 한결이와 경태는 할아버지 가짜 다리를 보고 깜짝 놀랐다. 할아버지는 다시 바지를 내렸다.

한결이가 심각한 얼굴로 말했다.

"한국 전쟁 이야기는 책에서만 봐서 설마 우리나라에서 일어났을까 의심한 적도 있었어요. 그런데 이렇게 할아버지를 보니까 정말 우리나라에서 전쟁이 일어났던 게 맞네요."

호루라기 할아버지가 말했다.

"내가 산 증인 아니겠냐? 이제 내가 왜 너희들이 총싸움 놀이 하는 걸 끔찍하게 싫어하는지 알겠냐?"

한결이와 경태는 동시에 고개를 끄덕였다. 그리고 누가 먼저랄 것도 없이 대답했다.

"이제부터는 총싸움 안 하겠습니다. 충! 성!"

1950년 6월 25일 일요일 새벽 4시!

그날은 일요일이었어요. 서울 시민들은 곤히 잠을 자고 있었어요. 그런데 갑자기 북쪽에서 쿵쿵, 대포 소리가 울렸어요.

북한이 최신 무기를 이끌고 남침하기 시작했어요. 전쟁이 시작된 거예요. 서울은 단 3일 만에 불바다가 되었어요. 북한군이 쏜 폭탄에 건물이 무너지고 사람들이 죽었어요. 피난 행렬이 끝도 없이 이어졌지요.

그렇다면 북한은 왜 갑자기 선전포고도 없이 전쟁을 시작한 걸까요?

우리나라는 1945년 8월 15일, 일본으로부터 해방되었어요. 연합군이 일본에 원자폭탄을 투하하자 일본이 무조건 항복을 하면서 우리 민족도 광복을 맞이한 거예요.

하지만 해방의 기쁨도 잠시, 우리나라는 미국과 소련 등 주변의 열강들에 의해 국토가 반으로 나뉘었어요. 남쪽은 미군이, 북쪽은 소련군이 주둔하게 된 거예요.

이렇게 해서 남쪽에는 대한민국 정부가, 북쪽에는 인민공화국이라는 정부가 들어서게 됐어요.

　북쪽을 통치하던 김일성은 한반도 전체를 공산화시키려고 했어요. 그래서 소련의 도움으로 최신 무기를 앞세워 1950년 6월 25일 남침한 거예요.

　3일 만에 서울이 점령당하고, 한달 만에 낙동강까지 점령당했어요. 곧이어 유엔군이 인천상륙작전을 개시해, 서울과 원산, 평양까지 되찾았어요. 통일을 눈앞에 두게 된 거예요. 하지만 중공군이 개입해 연합군과 국군은 다시 후퇴하고 말았어요.

　유엔 사무총장이 전쟁을 휴전하자고 제의했어요. 드디어 전쟁이 일어난 지 3년 만인 1953년 7월 25일 휴전 협정이 체결됐어요. '휴전'이란 전쟁이 끝난 게 아니라 전쟁을 쉬고 있다는 뜻이에요. 지금도 북한과 대한민국은 전쟁이 끝난 게 아니라 전쟁을 쉬고 있는 거예요.

　6·25는 우리 민족이 겪은 가장 큰 전쟁이자 비극이에요. 다른 나라도 아닌 같은 한민족끼리 전쟁을 해서 엄청난 인명과 재산 피해를 입었어요. 전쟁은 이 땅에 다시 일어나서는 안 되는 비극이에요. 수많은 사람들이 목숨을 잃고 피땀흘려 만들어 놓은 재산이 한순간에 잿더미로 변해 버리고 말 거예요.

3년 동안의 전쟁이 남긴 것

♣ 6 · 25 전쟁 과정

1950년 6월 25일 일요일 북한 남침. 3일 만에 서울 함락

1950년 7월 대전까지 함락됨. 남한 영토의 90% 이상이 점령당했고 남한은 낙동강 방어선 구축.

1950년 9월 맥아더 장군이 인천상륙작전에 성공. 전 국토를 수복하고 서울을 다시 되찾음.

1950년 10월 1일 38도선을 돌파하여 북으로 진격함

1950년 10월 원산, 평양을 점령. 압록강과 두만강까지 진격. 통일이 가까워짐. 이때 김일성은 중국에게 구원병 요청. 중공군이 압록강을 넘어 남으로 내려옴. 연합군 후퇴

1951년 3월 15일 국군, 서울 재탈환 및 북진

1951년 4월 압록강을 건너 만주를 폭격하자는 맥아더원수 해임. 리지웨이장군을 후임으로 임명

1951년 6월 23일 말리크 소련 유엔 대표, 휴전회담 제의

1952~1953년 전투 계속 이어짐

1953년 4월 포로 교환이 이루어짐

1953년 7월 27일 휴전 회담. 남방한계선과 북방한계선이 생김

♣ 6 · 25 전쟁으로 인한 피해

◆ 인명 피해

사망

남한 : 99만 968명   북한 : 15만 명

피난민 : 320만여 명   전쟁미망인 : 30만여 명

전쟁고아 : 10만여 명

◆ 재산 피해

공업시설 : 43% 파괴

발전시설 : 41% 파괴

항만시설 : 100여 개소

철도 : 329㎢ 파괴

교량 : 312㎢ 파괴

민간 가옥 : 612,000호 파괴

행정, 의료, 금융기관 : 53,000동 파괴

총 피해 액 : 410,589,759,000환 (2,281,054,217달러)

남과 북이 평화적인 통일을 하기 위해서는 어떻게 해야 하는지 적어 보세요.

대한민국은 민주공화국이다 역사 4

독재는 못 참아!

광주 민주화 운동

기찬이는 힘이 세다. 반에서 아무도 기찬이를 당해 낼 사람이 없다. 아니 전교에서도 기찬이를 당할 사람은 아무도 없다.

기찬이는 선생님보다 더 무섭다. 선생님은 잘못한 게 있으면 야단을 치고 말지만 기찬이는 아무도 보이지 않는 곳으로 데려가 엄청난 폭력을 가한다.

처음 기찬이는 이렇게 폭력적이지 않았다. 회장에 당선되고 나서 확 바뀌었다.

회장 선거 때 기찬이는 반 아이들의 압도적인 지지를 받아 회장에 당선됐다. 기찬이가 앞에 나와 팔뚝을 들어 올리며 이 말을 했을 때, 반 아이들은 일제히 환호성을 질렀다.

"만약 우리 반에 해를 끼치는 악의 무리가 있다면 이 주먹으로 한 방에 날려 주겠습니다."

하지만 회장에 당선되자, 기찬이는 순식간에 확 변하고 말았다. 다른 반 아이들을 혼내 주겠다던 그 강한 팔뚝으로 반 아이들을 때리기 시작했던 것이다.

반 아이들 중 기찬이한테 한 번이라도 당하지 않은 아이는 없다.

어제만 해도 그렇다. 한결이가 집에 가고 있는데, 갑자기 교문 밖에서 기찬이가 나타났다.

기찬이는 눈을 부라리며 말했다.

"너 청소 당번 아냐? 어딜 도망가?"

한결이는 겁이 났지만, 애써 당당한 표정으로 말했다.

"나 청소 당번 아니거든?"

"내가 청소 당번이라고 말하면 넌 청소 당번인 거야. 당장 들어가서 청소하고 가."

정말 어이가 없었다. 하지만 한결이는 기찬이를 당해 낼 수가 없었다. 고등학교 형 다섯 명과 붙어도 다 쓸어 버렸다는 전설은 우리 학교에서도 유명하다.

한결이는 울며 겨자 먹기로 다시 교실로 들어갔다. 한결이는 걸상을 탁 소리가 나게 내려놓으며 온몸을 부르르 떨었다.

'어디 두고 보자.'

어떻게 기찬이를 꺾을까? 별의별 방법을 다 생각해 봤다. 몰래 밥에 설사약을 탈까? 인터넷에 올릴까? 선생님한테 이를까? 하지만 다

소용없는 일이다. 언젠가 관식이가 선생님한테 기찬이가 때렸다고 일러바쳤다가 그 다음 날 죽이 되도록 얻어맞았다.

그때 기찬이는 관식이한테 이렇게 협박했다고 한다.

"다시 한번 나한테 도전했다가는 너는 물론이고 네 동생까지 이 세상에 없을 줄 알아."

한결이는 풀이 죽은 채 집으로 돌아왔다. 한결이 얼굴에 근심이 가득했다. 밥맛도 없었다. 그렇다고 별 뾰족한 방법은 생각나지 않았다.

한결이는 밥을 반 그릇도 먹지 않았는데 숟가락을 내려놓았다.

엄마가 놀란 얼굴로 물었다.

"아니 밥귀신이 왜 밥을 안 먹어? 너 요새 무슨 일 있니?"

한결이는 엄마를 보자 기찬이 얘기를 다 일러바치고 싶었다. 엄마한테라도 다 털어 놓으면 마음이 한결 가벼워질 것 같았다. 하지만 그렇게 했다가는 한국이까지 기찬이가 괴롭힐 게 분명하다. 아무 잘못도 없는 한국이가 기찬이한테 당하게 할 수 없었다.

한결이는 고개를 저으며 말했다.

"아니에요. 요즘 밥맛이 통 없네."

엄마는 한약이라도 먹여야겠다고 말했다. 하지만 한약을 먹어서 해

독재는 못 참아! 57

결될 일이 아니었다.

밤이 되자 아빠가 평소 때와는 다르게 술이 얼큰히 취해서 들어왔다. 한결이와 한국이가 나란히 서서 "다녀오셨어요?" 하고 인사를 하자 아빠가 기분 좋은 얼굴로 말했다.

"어이구, 우리 아들들. 오늘 아빠가 기분이 좋아서 한잔 했다."

엄마도 그런 아빠가 싫지 않은 듯 가볍게 흘겨보며 말했다.

"오늘은 또 무슨 핑계를 대고 한잔 하셨을까?"

아빠가 소파에 털썩 주저앉으며 한결이와 한국이를 불렀다. 아빠는 한결이와 한국이를 양 무릎에 앉히고 기분 좋은 얼굴로 말했다.

"오늘이 무슨 날인 줄 아니?"

한결이와 한국이는 동시에 고개를 흔들었다.

아빠가 말했다.

"오늘이 바로 5·18 광주 민주화 운동이 일어난 날이란다. 그때가 생각나서 한잔 했다. 우리나라 민주주의 만세."

한국이가 고개를 갸우뚱거리며 물었다.

"아빠, 5·18이 뭐예요? 6·25 같은 거예요?"

아빠가 허허, 웃고 나서 말했다.

"이 녀석 무식이 하늘을 찌르는구나. 잘 들어 봐라. 5·18 광주 민주화 운동은 독재에 대항하기 위해 광주 시민들이 일으킨 민주화 운동이란다. 죄없는 사람들이 수없이 피를 흘렸지. 그 운동에 힘입어 서울에서는 6·10 항쟁이 일어났어. 그때 수많은 시민들이 거리로 뛰어나와서 독재 타도를 외쳤어. 그래서 결국 지금의 민주주의가 싹 트게 된 거란다."

엄마가 감개무량한 표정으로 말했다.

"그때 나도 거리에 나가서 시위를 했었지. 백만 명이 넘는 시민들이 시위를 했어. 결국 아빠 말대로 대통령을 국민의 손으로 뽑는 직선제를 할 수 있었어. 그 전까지는 대통령을 체육관에서 몇몇 사람들이 뽑았거든."

한결이는 아빠가 말한 '독재'라는 말과 '민주주의'란 말이 마음속에서 계속 메아리쳤다. 독재를 이길 수 있는 방법. 그것은 무엇일까?

아빠가 계속 말했다.

"사실 우리나라 역사는 오천 년이 넘지만 민주주의 역사는 무척 짧단다. 그 민주주의를 이룩해 낸 것은 수많은 국민들이었어. 헌법 제1조에도 대한민국은 민주공화국이고, 대한민국의 모든 권력은 국민으

로부터 나온다는 말이 있어. 난 우리 국민들이 위대하다고 생각한다. 이제 이 나라에 독재나 부정부패, 썩은 정치 따위는 우리 똑똑한 국민들이 발을 못 붙이게 할 거야. 한결아, 한국아. 너희들도 어른들이 이룩해 낸 민주주의를 지켜야 한다. 알겠지?"

한국이가 큰 소리로 대답했다.

"걱정 마세요. 저도 촛불 들고 나갈 준비가 돼 있어요."

엄마가 놀란 얼굴로 물었다.

"뜬금없이 웬 촛불?"

"예전에는 쇠파이프니 돌멩이 던지면서 시위했다면서요? 이제는 국민들이 촛불을 들고 평화시위를 하잖아요. 저도 민주시민이라고요."

그 말에 아빠와 엄마가 큰 소리로 웃었다.

독재 타도.

한결이는 안개 속에서 뭔가가 선명해지는 느낌을 받았다.

다음 날, 한결이는 학교에 갔다. 역시 기찬이는 반 아이들을 괴롭혔다. 자기한테 아부하는 아이들한테는 청소도 시키지 않았다. 하지만 자기한테 밉게 보인 아이는 떠들지도 않았는데 이름을 적었다.

한결이는 기찬이를 이기려면 기찬이를 두려워하지 않아야 한다고

결심했다. 또 하나 결심한 게 있었다.

"뭉치면 살고 흩어지면 죽는다."

한결이는 반 아이들을 만나 설득하기 시작했다.

"기찬이의 횡포에 당하고만 있을 수는 없어. 우리 모두가 힘을 모아서 기찬이를 쓰러트리자."

평소에 한 번이라도 기찬이에게 당하지 않은 아이들이 없었다. 아이들은 모두 대찬성이었다. 아이들은 힘을 똘똘 뭉쳤다. 기찬이가 때리려고 하면 다함께 모여 기찬이를 위협했다. 기찬이가 협박을 하면 절대 주눅 들지 않고 당당하게 대했다.

기찬이가 조금씩 변하기 시작했다. 평소처럼 아이들에게 협박도 하고, 때리기도 했다. 하지만 아이들은 더 이상 당하고 있지 않았다. 협박을 하면 정당하게 대들었고, 때리면 선생님이나 부모님에게 일렀다.

아무도 기찬이와 놀아 주지 않았다. 기찬이가 다가오면 슬슬 피했고, 말을 걸어도 절대 말대답을 하지 않았다. 기찬이는 왕따가 됐다.

그렇게 며칠이 지나자 기찬이가 드디어 항복을 하고 말았다.

기찬이는 칠판 앞에 서서 풀 죽은 얼굴로 아이들에게 말했다.

"그동안 너희들 괴롭혔던 거 미안해. 회장 자리도 내놓을게."

아이들은 그제서야 환호성을 질렀다. 기찬이는 기어 들어가는 목소리로 말했다.

"때리지도 않을게. 그 대신 나하고 놀아 줘."

한결이는 앞으로 나가 기찬이한테 손을 내밀었다. 기찬이가 수줍은 표정으로 한결이 손을 잡았다. 아이들이 일제히 뜨거운 박수를 보내 주었다.

민주화 운동에 불을 붙이다

 광주 민주화 운동을 이해하기 위해서는 우리나라 정치 현실을 먼저 알아야 해요.

 군인 출신인 박정희 대통령은 5·16 군사정변을 통해 대통령이 된 후 법을 고치면서 18년 동안이나 독재를 했어요. 수많은 사람들이 독재에 반대했어요. 하지만 박정희 대통령은 민주열사들을 탄압했어요. 결국 그는 독재정치에 불만을 품은 김재규에 의해 암살당하고 말았어요.

 박정희 대통령이 죽자 전국적으로 그동안 억눌려 왔던 민주화 운동에 불이 붙었어요.

 하지만 이 혼란한 틈을 타서 전두환 등 군부 세력이 권력을 잡았어요. 또다시 군부세력이 권력을 잡자 국민들이 그토록 원했던 민주화도 사라질 위기에 처했어요.

 1980년, 학생들을 중심으로 시민들은 연일 시위를 벌였어요. 그러자 군부세력은 비상계엄령을 선포했어요. 비상계엄령이 내려지면 모든 집회와 시위가 금지되고 군인이 도심지에 진출하게 돼요.

광주에서는 비상계엄이 전국으로 확대되었다는 소식을 듣고 대학생들이 모여 계엄령을 해제하라고 시위를 벌였어요. 그런데 공수부대가 투입돼 강제로 대학생들을 연행했지요.

학생들은 광주 도심지에서 계속 시위를 벌였어요. 이때 공수부대는 칼과 곤봉으로 시위대를 무자비하게 때리고 죽였지요. 그러자 분노한 광주 시민들이 학생 시위에 동참해 시위에 참여했어요. 5·18 민주화 운동이 본격적으로 시작된 거예요.

광주 시민 20여만 명이 모여 시청을 점령했어요. 진압이 심해질수록 시위도 격렬해졌지요. 광주 시민들은 예비군 무기고를 열어 총을 들고 무장을 했어요. 계엄군에 대항해서 시민군을 결성한 거예요. 시민군은 도청 건물을 점령했어요. 시민군은 계엄을 해제할 것과 잡혀 간 민주 인사를 석방할 것을 요구했어요. 수많은 광주 시민들이 시민군들을 도와주었어요. 하지만 계엄군들은 시민군들을 무자비하게 사살했어요. 지금까지 공식적으로 밝혀진 사망자 수는 166명, 47명이 행방불명되었고 2,800여 명이 부상을 입었어요. 하지만 실제로는 이보다 인명 피해가 훨씬 더 크다고 알려져 있어요.

5·18 광주 민주화 운동은 6월 민주화 항쟁으로 이어져 이 땅에

민주주의가 자리잡을 수 있는 토양이 되었어요. 수많은 사람들이 흘린 피로 민주주의에 한발 더 다가선 거예요.

 4·19 혁명 vs 5·18 광주 민주화 운동 vs 6·10 민주 항쟁

♣ 4·19 혁명(1960년)

우리나라 초대 대통령인 이승만 대통령은 각종 부정부패를 저질렀다. 공무원들은 무능했고 경제는 최악이었다. 더구나 더 오래 집권하려고 온갖 부정선거까지 치렀다. 참다 못해 4월 19일 학생들이 들고 일어나 민주화 운동을 벌였다. 이 혁명으로 이승만 정권이 물러났다.

4·19 혁명은 우리나라 최초로 학생들에 의해 일어난 민주화 운동이었다. 하지만 정치와 사회가 혼란한 틈을 타 군장교들이 쿠데타를 일으켜 정권을 잡았다. 그것이 5·16 혁명으로, 이때 정권을 잡은 박정희 대통령이 독재를 하게 됐다.

♣ 5·18 민주화 운동(1980년)

박정희 대통령이 죽고 난 후 혼란한 틈을 타 군사 쿠데타로 전두환 일당이 집권을 했다. 광주 시민들이 군부집권이 물러나도록 요구하자 강제 진압을 실시해 많은 희생자가 났다.

♣ 6·10 민주 항쟁(1987년)

1987년 6월 전두환 대통령 말기. 대학생들은 연일 민주화 운동을 했다. 서울대학생 박종철이 고문을 받다 죽는 사건이 일어났다. 학생들의 민주화 운동이 거

세게 일어났다. 그런데 얼마 후 시위를 하던 이한열이 최루탄을 맞고 죽었다.

 이 사건 후 학생들은 물론 시민들까지 들고 일어나 거센 민주 항쟁이 일어났다. 전국 37개 도시에서 시위가 계속되었다. 그 후 국민들이 직접 대통령을 선출하는 직선제가 시행되었다.

> 광주 민주화 운동 때 희생된 희생자에게 편지를 써 보세요.

어느 일본인 손님

일본의 교과서 왜곡

++
++
++

엄마가 바빠졌다. 집에 외국인 손님이 오시기로 했기 때문이다. 엄마는 평소에는 하지도 않던 대청소를 매일 했다. 쓸고 닦고, 또 쓸고 닦고, 집 안이 유리알처럼 반짝반짝 빛이 날 정도로 깨끗했다.

한결이네 집에 외국인 손님이 오는 것은 처음이다. 비록 일본 사람이지만, 엄마는 며칠 전부터 잔뜩 긴장하고 있었다.

"음식은 뭘 대접하지?"

"나 일본말 전혀 못 하는데 어떡하지?"

"어디를 구경시켜 줘야 하지?"

하지만 막상 손님이 집에 도착하자 그 걱정은 말끔히 사라졌다.

손님은 아빠의 일본인 거래처 직원 아들이었다. 일본인 손님은 처음 집 안에 들어서자마자 유창한 한국말로 인사했다.

"안녕하십니까? 반갑습니다. 저는 일본에서 온 이시하라라고 합니다. 저는 기무치를 좋아하고요, 한국을 무척 사랑합니다."

엄마는 입이 귀에 걸릴 정도로 좋아했다.

이시하라는 일본에서 대학을 졸업하고 한국에 유학 오기 위해 준비 중이었다. 어려서부터 한국을 좋아해 한국말을 배워서 지금은 웬만한 한국말은 잘 알아들었다.

이시하라는 한국 드라마 광팬이었다. 엄마와 함께 한국 드라마 얘기를 할 때는 동네 아줌마들처럼 어찌나 수다를 떠는지 주위가 시끄러울 정도였다. 반찬도 아무거나 잘 먹었다. 김치와 된장찌개, 심지어는 젓갈까지 맛있게 먹었다.

한결이는 이시하라에게 한국을 구경시켜 주기로 했다.

"이시하라, 가장 가고 싶었던 곳이 어디야?"

한결이의 물음에 이시하라는 조금도 망설임 없이 대답했다.

"경복궁에도 가고 싶고 남대문 시장에도 가고 싶어. 남대문 시장에 가서 족발도 먹고 싶다."

한결이는 이시하라를 데리고 서울 구경을 시켜 주러 다녔다. 이시하라는 처음 보는 서울 풍경에 마냥 신기해했다.

이시하라는 서울의 빌딩들을 올려다보며 놀라움을 감추지 못했다.

"와, 나는 한국이 이렇게 잘사는 나라인 줄 몰랐어. 정말 대단해."

한결이는 저절로 어깨가 으쓱해졌다.

"이시하라! 국립박물관에 가 보고 싶지 않아?"

이시하라가 기다렸다는 듯이 말했다.

"오우, 오케이. 한국의 전통 문화 꼭 보고 싶다."

한결이는 이시하라를 데리고 국립박물관에 갔다. 이시하라는 유물들을 보며 신기해하기도 하고 감탄하기도 했다.

"역시 조선의 문화는 우리 일본 문화의 영향을 받아서 멋지구나."

한결이는 귀를 의심했다.

"뭐라고?"

"한국이 우리 일본 문화의 영향을 받아 멋지다구."

"아냐. 그렇지 않아."

한결이는 이시하라가 잘못 알고 있다고 생각했다.

"맞아. 나 역사 교과서에서 그렇게 배웠어."

이시하라는 학교에서 분명히 그렇게 배웠다고 우겼다.

오히려 그 반대다. 일본의 아스카 문화는 백제에서 건너간 불교 문화다. 하지만 이시하라는 아스카 문화가 백제의 영향을 받았다는 사실을 전혀 모르고 있었다. 이시하라가 배운 교과서에는 그런 내용이 절대 나와 있지 않다고 했다.

더 기가 막힌 일이 벌어졌다. 일제 시대의 유물들을 볼 때였다. 일제 시대 만세 운동에 사용됐던 태극기와 독립운동가들의 유물을 보던 이시하라가 뜬금없이 말했다.

"우리 일본은 조선과 합법적으로 합친 거야. 국제 사회에서도 지지를 했어. 동아시아를 안정시키기 위해 꼭 필요했지."

한결이는 너무 놀라서 말문이 막혔다. 일본 사람들은 한일합방을 이렇게 생각하는구나. 정말 기가 막혔다.

한결이는 단호한 목소리로 말했다.

"아냐. 일본이 강제로 우리나라를 침략한 거야. 강제 합방이라고."

어느 일본인 손님

이시하라는 놀란 얼굴로 말했다.

"오, 노우. 분명히 교과서에는 합법적으로 일본과 한국이 합방했다고 나와 있어. 교과서가 틀린 내용을 실었을 리가 없어."

한결이는 화가 머리 끝까지 나서 소리쳤다.

"형네 일본 교과서가 잘못된 거야. 교과서가 왜곡됐다고."

이시하라도 화가 난 얼굴로 맞받아쳤다.

"너, 해도 너무하는구나. 우리 일본을 욕하지 마. 우리 교과서가 옳아."

한결이는 바락바락 악을 썼다.

"아냐. 틀렸어. 역사를 제대로 봐야지. 일본 입맛에 맞게 역사를 왜곡하면 안 된다고!"

이시하라가 툴툴거리며 말했다.

"그럼 너희 교과서가 옳다는 증거 있으면 대 봐."

한결이는 씩씩거리다가 한마디 툭 내뱉었다.

"그러니까 일본 사람들이 쪽발이라는 말을 듣는 거야. 에이, 이 쪽발이야."

한결이는 분에 못 이겨 혼자서 걷기 시작했다. 걷다가 나중에는 마

구 뛰었다. 뒤에서 이시하라가 뭐라고 부르는 소리가 났지만, 도저히 화가 나서 견딜 수가 없었다.

혼자서 지하철을 타고 집에 도착했을 때도 분이 풀리지 않았다.

일본에서 온 손님이라고 잘해 준 게 억울했다.

한결이는 놀이터 그네에 앉아 한동안 화를 삭였다. 한참 뒤, 어느 정도 화가 누그러지자 이시하라가 걱정되기 시작했다.

'서울 지리도 잘 모를 텐데. 어쩌지? 에이, 조금만 참을걸.'

한결이는 자기 머리통을 쥐어박았다.

저녁이 되자 한결이는 슬그머니 집으로 들어갔다. 이시하라는 아직 들어오지 않고 있었다.

퇴근해서 들어온 아빠한테 오늘 낮에 있었던 일을 얘기했다. 아빠가 깜짝 놀라 소리쳤다.

"아니, 그럼 이시하라 혼자 놔두고 왔단 말야?"

한결이는 고개를 푹 숙인 채 간신히 말했다.

"너무 화가 나서 그만. 죄송해요."

"이시하라 잘못은 아니지. 그게 다 교과서를 왜곡시킨 일본 정부 잘못이지."

아빠 말을 듣고 보니 한결이는 자신이 정말 잘못했다는 생각이 들었다. 하나하나, 차근차근 설명해 줘도 되는데 그렇게 낯선 곳에 혼자 떼어 놓고 왔으니. 집을 못 찾으면 어쩌지? 아빠는 안절부절 못 했다. 한결이는 아빠 눈치만 살피고 있었다. 만약 이시하라의 아빠한테 이 얘기가 들어가면, 아빠 입장이 어떻게 될까?

다행히 밤 열 시가 넘어서 이시하라가 들어왔다. 한결이는 맨발로 현관으로 뛰어나가 문을 열어 줬다.

안으로 들어온 이시하라는 활짝 웃는 얼굴로 말했다.

"제가 조금 늦었습니다. 죄송합니다."

아빠와 엄마가 잃었던 자식을 다시 찾은 것 같은 얼굴로 이시하라를 맞았다. 이시하라는 손에 잔뜩 책을 들고 들어왔다.

아빠가 이시하라 손에 들고 있는 책을 가리키며 물었다.

"이시하라, 지금까지 어디 있었어? 이건 다 뭐야?"

이시하라가 활짝 웃으며 말했다.

"오늘 낮에 한결이 말을 듣고 서점에 가서 한국 국사책을 많이 샀습니다. 이제 이 책을 다 읽고 한국 역사에 대해서 공부할 생각입니다. 그리고 일본에 가지고 가서 친구들한테 우리가 배운 역사가 잘못

어느 일본인 손님

됐다는 것을 알려 주겠습니다."

아빠가 이시하라 손을 굳게 잡고 흔들었다.

한결이는 이시하라 앞으로 쑥스러워하며 나갔다. 이시하라가 한결이에게 손을 내밀었다.

"한결, 고마워. 너 아니었으면 난 역사를 제대로 알지 못할 뻔했다."

한결이도 쑥스러운 얼굴로 말했다.

"혼자 두고 와서 미안해, 이시하라 형. 앞으로 절대 안 그럴게."

이시하라가 방긋 웃고 나서 말했다.

"네 덕분에 혼자서 서울 구경 잘 했다. 내가 우리 일본을 대신해서 사과한다. 미안하다."

"뭘?"

"잘못한 거 모두 다."

이시하라가 식구들 앞에 허리를 깊이 숙여 사과했다.

엄마가 활짝 웃으며 말했다.

"이시하라 배고프지? 오늘 이시하라가 좋아하는 떡볶이 해 놨어."

이시하라가 갑자기 괴성을 지르며 부엌으로 달려갔다.

"우아, 나 떡볶이 좋아. 맛있어."

일제 때부터 계속돼 온 일본의 역사 왜곡

역사는 누군가가 바꾼다고 바뀌는 게 아니에요. 사실 그대로, 있었던 일 그대로를 기록하는 게 바로 역사예요. 누군가 그 역사를 자기 입맛대로 바꾼다면 그건 역사 왜곡이 되는 거예요.

일본의 역사 왜곡은 일제강점기 때부터 지금까지 꾸준히 지속되었어요. 일본은 우리나라를 강점한 후 우리 민족의 뿌리까지 흔들기 위해 광분했어요.

일제는 우리 민족의 서적을 약탈해 갔어요. 1910년부터 1911년까지 약 51종, 20만 권의 우리나라 책을 약탈했어요. 이중에는 역사책도 포함돼 있었고요. 서울에 있는 서점은 물론 지방에 있는 향교, 서원, 각 가정집까지 돌며 수색해서 수많은 책을 빼앗아 갔고 판매 금지시켰어요.

더욱이 그들은 조선사 편찬위원회를 만들어 우리나라 조선사를 자기들 입맛에 맞게 편찬했어요. 식민사관에 맞는 일본의 시각에서 본 우리나라 역사서를 편찬한 거예요.

이는 조선 사람들이 우리 민족의 역사와 전통을 알지 못하게 해 우리의 민족혼이나 문화를 잃어버리게 만들기 위해서예요.

 그뿐만이 아니에요. 일제는 우리 조상들의 악행과 무능 등을 들춰내 과장되게 가르침으로써 청소년들이 우리 역사와 조상들을 증오하게 만들었어요. 이때 일본 문화를 들여오면 청소년들이 좋아하게 될 거고, 그렇게 되면 자연스럽게 일본에 동화될 수 있을 테니까요.

 광복 이후에도 일본은 청소년이 배우는 교과서에 우리나라와 관련된 역사를 수없이 왜곡했어요. 우리 땅인 독도를 일본 땅이라고 표기하고, 동해를 일본해로 표기했어요. 고대 우리나라 남부를 일본이 지배했다는 말도 안 되는 왜곡도 자행하고 있어요.

 일본은 어린이들에게 자기네 나라가 아주 뛰어난 역사를 가졌다는 자긍심을 심어 주기 위해 우리나라 역사까지 왜곡하는 거예요.

 또 일본 제국주의를 일깨워 줘 일본이 위대하다는 생각을 심어 주고, 자기네 역사를 미화시켜 민족혼을 더 높이려는 속셈이지요. 우리나라 많은 청소년들이 일본의 역사 왜곡에 별로 관심이 없어요. 우리가 관심을 가지지 않는 동안, 그들은 조금씩 역사를 바꿔 가고 있어요. 우리는 일본의 교과서 왜곡을 그대로 두고 봐서는 안 돼요. 언젠가는 없던 역사도 만들어내 또다시 우리의 주권과 영토를 넘볼 수도 있거든요.

일본의 교과서 왜곡 사례들

♣ 임나일본부설

　삼국 시대 이전의 시대 때 과거 발해 지역에 일본이 임나일본부를 설치해 한반도를 통치했다는 설. 일본은 조선 침략이 정당하다고 주장하기 위해 일본이 오래 전부터 한반도를 지배해 왔기 때문에 조선 지배도 침략이 아니라고 주장했다. 임나일본부설은 일본이 침략 전쟁을 일으키던 20세기 초 고개를 들기 시작했다. 임나일본부설을 일본 교과서 및 조선 교과서에서 싣도록 강요했다.

♣ 일본군 위안부 문제

　위안부 문제는 일본 교과서에 한 글자도 기재하지 않았다. 또 일본 정부는 아예 그런 것은 없다고 주장하기도 했다.

♣ 임진왜란

　일본 교과서에는 임진왜란이 침략이 아니라 출병, 진출이라고 표기돼 있다. 즉 명을 치려고 하는데 길을 열어 달라는 명분으로 조선에 진출했다고 표현되어 있다.

♣ 독도

　'다케시마는 일본 고유의 영토', '한국도 영유권을 주장하는 다케시마'라고 표현했다. 일본 교과서 중 약 70%가 독도를 일본 영토 다케시마로 표현했다.

♣ 동해

　사회과 지리 교과서에는 동해를 '일본해'로 기재했다.

♣ 조선 침략

일본이 조선을 침략한 이유는 침탈과 경제적 수탈을 하기 위해서인데 일본 교과서에는 '한국 합병 후 설치된 조선총독부는 철도와 관개시설을 정비하는 등의 개발을 하고 토지조사를 개시해 근대화에 노력했다'라고 적혀 있다.

♣ 조선통신사

일본에 선진문물을 전해 줬던 조선통신사에 대해 '일본의 장군이 바뀔 때마다 방일한 축하 사절단'이라고 표기되어 있다.

> 우리는 왜 일본의 교과서 왜곡을 반대해야 하는지 그 이유를 적어 보세요.

증조할아버지가 탑골공원으로 간 이유

역사 6

광복절

"도대체가 나라꼴이 이게 뭐야?"

증조할아버지의 쩌렁쩌렁한 목소리가 집 안에 울려 퍼졌다. 식구들은 쥐죽은 듯 조용히 있었다. 이럴 때 잘못 말을 꺼냈다가는 증조할아버지의 화만 더 돋울 뿐이다.

한결이와 한국이는 얌전히 증조할아버지 앞에 무릎을 꿇고 앉아 있었다.

방금 증조할아버지가 시골에서 올라오셨다. 증조할아버지는 올해 여든이 넘었는데도 아직 정정하시다.

증조할아버지는 뭔가에 잔뜩 화가 나서 들어오자마자 냉수부터 찾았다. 아빠는 회사에서 아직 퇴근하지 않았고, 엄마는 시장에 갔다.

한국이는 다리가 저린지 자꾸만 얼굴을 찡그렸다.

증조할아버지는 일년에 딱 한 번 8월 15일 전후에 올라오신다. 증조할아버지가 서울에 오는 이유는 광복절 행사에 참석하기 위해서이다.

올해도 어김없이 증조할아버지는 광복절 행사에 참석하기 위해 서울에 올라왔다. 하지만 집으로 들어오자마자 빌긱 화부터 냈다.

한결이는 증조할아버지 눈치만 살살 살폈다. 한국이는 증조할아버지 눈치를 보다가 슬그머니 방으로 들어가 버렸다.

증조할아버지는 찬물을 한 컵 다 마시고도 분이 풀리지 않는지 연신 부채질을 해댔다.

한결이는 조심스럽게 여쭤 보았다.

"할아버지, 뭐 화나시는 일 있으세요?"

증조할아버지가 한결이를 홱 돌아보았다. 증조할아버지 눈빛은 금방이라도 호랑이를 때려잡을 것처럼 매서웠다. 한결이는 괜히 여쭤

봤나 싶어서 움찔했다.

"한결이 올해 몇 학년이라고 했지?"

한결이는 재빨리 대답했다.

"오학년이에요."

"그래, 오학년. 그럼 뭐 하나만 물어보자."

한결이는 잔뜩 긴장했다. 증조할아버지는 조금은 부드러워진 표정으로 물었다.

"8월 15일이 무슨 날이냐?"

한결이는 일초도 되지 않아 대답했다.

"그야 건국절이죠."

증조할아버지 얼굴이 갑자기 일그러졌다. 증조할아버지 눈은 매섭게 빛나고 얼굴은 흥분으로 새빨개졌다.

한결이는 영문을 몰라 부들부들 떨고 있었다.

증조할아버지는 화가 난 얼굴로 소리쳤다.

"건국절이라니, 어디서 배워먹은 헛소리냐 이 녀석아, 당장 나가! 꼴도 보기 싫다. 니기!"

한결이는 화가 난 증조할아버지를 피해 밖으로 나갔다.

'내가 뭘 잘못했다고? 증조할아버지 미워.'

한결이는 이유도 없이 증조할아버지한테 혼난 게 억울했다.

얼마 전 담임선생님이 출장을 가서 교감선생님이 대신 수업에 들어온 적이 있었다.

교감선생님이 말했다.

"대한민국이라는 나라는 1945년 광복 때부터 시작된 게 아니라 1948년 대한민국이 처음 건국된 때부터 시작된 것이라고 봐야 한다.

그러니까 광복절 대신 건국절로 바꾸는 게 당연하지."

한결이는 우리나라가 건국된 것은 분명히 5천 년도 더 됐는데 1948년부터 건국됐다고 하는 게 이상하다고 생각했다. 하지만 교감선생님이 너무 단호하게 앞으로 너희들도 광복절 대신 건국절이라고 부르라는 말에 질문을 하지 못했다.

한결이는 지팡이로 맞은 어깨를 만지며 투덜거렸다.

'광복절이든, 건국절이든 그게 무슨 상관이람.'

그때 아빠가 엘리베이터에서 내렸다. 아빠는 한결이를 보자 반가운 얼굴로 말했다.

"우리 한결이, 뭘 그렇게 중얼거리고 있어?"

아빠를 보자 한결이는 화가 폭발했다.

"증조할아버지 미워요. 아무 잘못도 없는데 혼내고 쫓아내잖아요."

"뭐? 할아버지 오셨어? 근데 왜 혼내?"

한결이는 입술을 쭉 내밀고 말했다.

"몰라요. 증조할아버지한테 가서 물어보세요."

아빠는 안 들어간다는 한결이를 데리고 집으로 들어갔다. 증조할아버지는 아직도 분이 풀리지 않는지 한결이를 보자 부르르 떨었다.

증조할아버지의 화가 가라앉기를 기다린 뒤 아빠가 물었다.

"할아버지, 한결이한테 화나는 일 있으셨어요?"

"저 녀석이 광복절을 건국절이라고 하지 않냐. 이 나라를 위해 우리들이 목숨을 걸고 독립운동을 하는 동안, 일본에 붙어서 친일이나 했던 친일파들이나 하는 소리야. 잘 들어라. 내 눈에 흙이 들어가기 전에 건국절은 안 된다. 알겠느냐?"

한결이는 증조할아버지 말을 알 것도 같고, 모를 것도 같았다.

교감선생님은 1948년 대한민국이 건국되면서 초대 이승만 대통령이 나라를 만들었고 박정희 대통령이 산업화를 이끌어 오늘날 우리나라가 이렇게 잘살게 된 거라고 했다. 이제 우리는 더 이상 일본과 과거에 얽매여 있을 필요가 없고, 앞으로 더 잘사는 미래를 생각해야 한다고 했다.

교감선생님은 또 지금까지 역사 교육이 잘못 됐다고 지적했다. 우리 교과서가 일제의 침탈을 과장하고 있고 일본군 위안부는 당사자들이 자발적으로 참여한 것이라고 장했다. 그래서 역사 교과서를 새로 써야 한다고 말했다.

한결이는 고개를 갸우뚱거리며 말했다.

"전 이해가 안 돼요. 광복절이든 건국절이든 그게 뭐가 달라요?"

증조할아버지와 아빠는 어이가 없다는 듯 할 말을 잃었다.

아빠가 재빨리 말했다.

"만약 건국절이라고 해 봐. 그럼 건국 이전의 역사는 아무것도 아닌 거잖아. 목숨 걸고 독립운동을 했던 증조할아버지는 테러리스트가 되는 셈이지."

증조할아버지는 지그시 눈을 감고 있었다.

그건 말도 안 된다. 한결이는 지금까지 자기가 독립운동가의 자손이라는 사실에 자부심을 갖고 있었다. 그런 증조할아버지가 테러리스트가 되는 건 도저히 있을 수 없는 얘기였다.

증조할아버지는 일본과의 과거 문제는 반드시 그냥 넘어가서는 안 된다고 했다. 일본의 사과를 받고 피해 보상을 정정당당하게 받아야 한다고 주장했다.

다음 날 증조할아버지는 끝내 광복절 행사에 가지 않았다. 지금까지 40년 이상 한 해도 거르지 않고 다녔던 광복절 행사에 올해 처음으로 가지 않았던 것이다.

증조할아버지가 그동안 참석했던 광복절 행사는 독립운동을 했던

선열들을 추모하고 광복의 의미를 되새기는 행사였다.

하지만 올해에는 건국절 행사를 했다. 건국절 행사에서는 우리나라의 산업화를 이룩한 기적의 역사를 재조명하고 미래의 비전을 함께 나누는 공연과 행사가 전부다. 어디를 봐도 항일운동의 계승이나 광복에 대한 축하 행사는 찾아볼 수가 없었다.

그 대신 증조할아버지는 탑골공원으로 갔다. 한결이도 증조할아버지를 따라 탑골공원으로 갔다.

탑골공원에는 대한민국 임시정부 기념 사업회와 독립 유공자 유족회 등 독립 유공단체들이 모여 있었다. 증조할아버지도 그곳에서 아는 분들을 만나 서로 인사를 나눴다.

잠시 후, 규탄 대회가 열렸다. 증조할아버지는 쩌렁쩌렁한 목소리로 소리쳤다.

"건국절이 웬말이냐? 지하에 계신 김구 선생이 통곡한다!"

얼마 뒤 광복절을 건국절로 바꾸겠다는 '건국절 개정안'은 철회되었다. 한결이는 다행이라고 안도의 한숨을 내쉬었다. 하지만 아직도 건국절로 해야 한다는 사람이 많다는 것을 알고 난 뒤, 마음 한구석이 씁쓸했다.

건국절과 광복절의 차이

건국절이란 말은 국가를 처음 세웠다는 뜻이에요.

헌법 전문에 보면 '유구한 역사와 전통에 빛나는 우리 대한민국은 3·1 운동으로 건립된 대한민국임시정부의 법통과……' 이런 문구가 있어요. 즉 3·1 운동 때부터 정부가 있었고, 정부가 있었으니 당연히 국가도 있었어요. 단지 주권을 일본에게 빼앗긴 것 뿐, 정부가 있는 국가였어요.

2008년부터 광복절을 건국절로 하자는 움직임이 보수주의 단체인 뉴라이트를 중심으로 일어났어요. 대한민국 정부가 수립된 게 1948년 8월 15일이기 때문에 그날부터 대한민국이 시작된다고 봐야 한다는 의미에서 건국절로 부르자고 주장한 거예요.

1948년을 건국절로 한다면 일제시대 때부터 저항해 온 항일의 역사가 모두 사라지는 거예요. 임시정부를 인정하지 않기 때문이에요.

건국절이 되면 국가가 수립되기 전 친일행위를 했던 친일파의 재산을 환수하거나 친일 인명사전 편찬 작업 등이 중단될 수도 있어요. 즉, 친일 인사들에게 아무 죄도 없다고 판결이 나는 거예요.

뉴라이트에서는 일본과의 과거 문제를 들춰 내는 것은 아무 쓸모도 없는 백해무익한 일이라고 주장하고 있어요.

광복절을 건국절로 바꾸는 것은 수많은 독립운동가들을 모독하는 일이에요. 대한민국 수립이 일제에 맞선 항일투쟁 속에서 만들어진 자주독립국가가 아니라 광복 후에 만들어진 반공국가가 되는 것이지요.

우리나라는 고조선 이후 삼국, 통일신라, 발해, 고려, 조선 시대로 이어져 내려오는 오랜 역사를 자랑하고 있어요.

이명박 전 대통령은 '건국 60년 기념 사업 위원회'를 출범시켜 건국절 행사를 추진했어요. 조선, 중앙, 동아일보 등 보수 신문들은 일제히 건국 60주년 관련 기사를 쏟아냈고 뉴라이트 연합에서는 건국절을 적극적으로 찬성했지요.

하지만 야당을 비롯, 많은 사람들이 유구한 역사를 가진 우리나라를 고작 60년밖에 안 되는 신생국가로 만드는 건국절을 반대하고 있어요.

> **TIP** 김구가 테러리스트라고?

우리나라는 광복 이후 북쪽에는 공산주의 국가가 들어섰고, 남쪽에는 자유주의 국가가 들어섰다. 그때부터 공산당을 반대한다는 반공 이념이 뿌리박혔다. 이때부터 공산주의를 '좌파'라고 하고 민주주의를 '우파'라고 했다.

하지만 좌파의 개념은 점점 변했다. 박정희 대통령은 철저한 반공사상을 기반으로 권력을 다졌다. 자신의 권력에 도전하는 사람들은 모두 '좌파'라고 여겨 철저히 탄압했다.

보수 세력들은 김대중 대통령이 실시했던 북한에 대한 햇볕정책을 강하게 비판했다. 보수 세력들은 좌파에 맞선 새로운 단체를 결성했는데 그것이 바로 '뉴라이트'였다. 뉴라이트는 좌파에 맞선다는 의미의 '새로운 우파'라는 뜻이다.

뉴라이트는 인간의 기본적인 평등이나 복지보다는 시장 경제를 중요시한다. 그들은 대한민국이 선진화된 국가가 되기 위해서는 지나간 과거에 얽매이지 말아야 한다고 주장하면서 특히 일본과의 과거사 청산이 선진국으로 가는 길을 막는 것이라고 주장한다.

♣ 뉴라이트의 말! 말! 말!
- 김구는 악랄한 테러 조직인 한인애국단을 결성하고 민간인의 희생도 저지른 잔인한 테러를 자행한 사람이다.
- 안중근의 용기는 가상하지만 그는 일본이라는 나라에게는 해충과 같다.
- 유관순은 여자 깡패다.
- 우리는 안중근이나 김구 같은 테러리스트를 절대 영웅시하고 우상화해서는 안 된다.

- 일제의 도움으로 한국이 근대화되었으면 이에 감사해야 한다.
- 정신대 할머니들은 돈벌이를 위해 자발적으로 정신대로 갔다.
- 일본은 독도를 자기 것이라고 주장할 법적, 사료적 근거가 있다.

여러분은 광복절과 건국절 중 어느 쪽을 찬성하는지 적고, 그 이유도 적어 보세요.

역사 7 텔레비전 쟁탈 전쟁

역사 드라마의 허와 실

작전명 : 리모컨을 사수하라.

전술 : 애원하기, 조르기, 사정하기, 협박하기

시간 : 월·화 오후 10시

　　　토·일 오후 9시

열 시가 가까워올수록 한결이는 초조하다. 엄마는 일찌감치 소파에 앉아 텔레비전을 점령하고 있다. 숙제도 다 해 놓고, 내일 준비물도 다 챙겨 놓고, 뽀득뽀득 소리가 나게 씻고 이까지 다 닦았다. 이제 저 소파에 앉아 리모컨을 손에 넣기만 하면 된다. 하지만 엄마는 쉽게 리모컨을 내줄 것 같지 않다. 요즘 엄마가 새롭게 보기 시작한 멜로드라마에 푹 빠져 있어서인지, 드라마가 시작하기도 전에 일찌감치 리모컨을 차지하고 있다.

 한결이는 사극 매니아다. 처음 사극의 세계로 빠져들었던 작품은 '태조 왕건'이었다. 평소 역사에 관심이 많던 한결이는 우연히 사극 '태조 왕건'을 보면서 그 매력에 푹 빠졌다.

사극을 보기 시작하면서 엄마와의 투쟁도 만만치 않았다. 집에 한 대 있는 텔레비전을 서로 차지하기 위해 엄마와 불꽃 튀는 전쟁을 벌여야만 했다.

엄마는 사극이라면 '사' 자도 듣기 싫어했다. 이 세상에서 가장 재미없고 지루한 드라마가 사극이라는 것이다. 엄마는 젊은 남녀가 나오는 연애 드라마 아니면 안 본다.

드디어 열 시.

한결이는 조용히 엄마 옆에 앉았다. 엄마는 한결이를 못 본 척하고 열심히 광고 방송을 보고 있었다.

이제 일단계 작전 돌입.

한결이는 담담한 표정으로 말했다.

"어마마마, 아들한테 한 번만 양보하는 것이 어떻겠사옵니까?"

그렇다고 쉽게 물러설 엄마가 아니다.

엄마는 오늘만큼은 절대 리모컨을 양보하지 않겠다는 듯이 양손으로 리모컨을 꼭 쥐고 있었다.

그렇다면 이단계 작전 돌입.

"오늘은 내가 볼 차례란 말야. 빨리 내놔."

엄마는 이번에는 리모컨을 가슴에 꼭 안았다.

한결이는 마지막 카드를 써야겠다고 생각했다.

"어마마마, 소자가 왜 사회 점수가 가장 낮은지 아직도 모르시겠사옵니까?"

한결이는 엄마의 약점을 잘 알고 있었다. 엄마는 공부 앞에서는 한없이 약해진다.

엄마가 불안한 얼굴로 물었다.

"왜? 난 잘 모르겠는데?"

"왕 이름 외우는 길 잘 못해서 그렇다니까요. 사극을 보면 왕이름도 잘 외우고 신하 이름도 잘 외워서 사회 점수 잘 받을 텐데."

"너 사극 보고 싶어서 그러지? 내가 속을 줄 알고?"

속을 것 같던 엄마가 절대 속지 않겠다는 듯이 말했다. 한결이는 비장한 각오로 엄마 옆에 바싹 붙어 앉았다.

"사극을 보면 역사에 관심이 생겨서 사회 점수를 더 잘 받을 수 있는데. 만약 이번에 사극을 보게 해 주면 다음 시험에서 90점 이상 받을 자신 있는데."

엄마가 불안한 눈빛으로 한결이를 보았다. 한결이는 더 이상 아무

말도 하지 않고 벌떡 일어났다.

그리고 마지막 한마디.

"난 들어가서 잠이나 자야겠다. 다음 사회 시험에는 성종과 폐비 윤씨에 대해서 배운다고 했는데……."

그때 갑자기 엄마가 한결이 바지를 잡고 말했다.

"그래, 내가 졌다. 봐."

리모컨은 한결이에게로 넘어왔다. 한결이는 못 이기는 척 소파에 앉아 리모컨을 돌렸다. 텔레비전에서는 '왕과 나'를 방송하고 있었다. 엄마도 울며 겨자 먹기로 옆에 앉아서 함께 사극을 보기 시작했다.

한결이는 보란 듯이 말했다.

"성종의 부인은 폐비 윤씨. 폐비 윤씨가 낳은 아이가 폭군 연산군."

한참 동안 드라마를 보던 엄마가 고개를 갸우뚱거리며 말했다.

"이상하네? 김처선은 세종 때 태어났으니까 성종 때는 이미 할아버지일 텐데 왜 저렇게 젊어?"

그러고 보니 엄마 말이 맞았다. 한결이가 알기에도 김처선은 세종 때 사람이다. 이미 할아버지가 돼 있어야 하는데 드라마에 나오는 김처선은 젊어도 너무 젊다. 한 번 마시면 젊어지는 신비의 샘물이라도

텔레비전 쟁탈 전쟁

먹었나?

드라마가 다 끝나자 엄마는 불만이 가득한 표정으로 말했다.

"이게 뭐야? 내가 알고 있던 역사랑 완전히 다르잖아."

한결이도 뭔가 찜찜한 기분이 들었다. 드라마에서는 성종과 폐비 윤씨가 어린 시절 만난 것으로 나온다. 하지만 실제 역사에서는 그렇지 않다.

사실 역사와 사극이 많이 다르다는 사실은 한결이도 알고 있었다. 사회 시간에 공부했던 것과 사극에서 봤던 것 중에는 이름만 똑같고 내용이 전혀 다른 것도 있었다. 솔직히 고백하자면 사극에서 봤던 내용을 시험에 적어서 틀린 적도 있었다.

그래서 한결이는 사극을 보기 전 마음 속으로 이렇게 다짐했다.

'사극은 사극일 뿐 역사와 혼동하지 말자!'

엄마는 불만이 가득한 표정으로 말했다.

"이래서 내가 사극을 안 보는 거야. 역사와 완전히 다르잖아."

한결이는 엄마를 설득하기 시작했다. 만약 내일부터 사극을 안 보겠다고 하면 또다시 리모컨 전쟁을 벌여야 한다.

"사극은 어디까지나 드라마예요. 흥미 위주로 만들다 보니까 사실이 아닌 것도 넣고 뭐 그런 거죠. 따라해 보세요. 사극은 사극일 뿐 역사와 혼동하지 말자."

엄마는 뾰루퉁한 얼굴로 말했다.

"저런 걸 아이들이 보면 저게 진짜라고 믿을 거 아냐."

"그러니까 사극이죠. 역사 드라마."

엄마가 이번에는 단호한 표정으로 말했다.

"안 되겠어. 너 사극 보면 사회 공부에 도움이 되는 게 아니라 오히려 방해만 될 것 같으니까 내일부터 보지 마."

드디어 올 것이 왔구나. 한결이는 어떻게 이 난관을 극복할지 생각했다.

"그래도 사극을 보면 사람들이 역사에 관심을 갖잖아요."

엄마가 골똘히 생각하고 나서 말했다.

"그건 그래."

한결이는 용기를 얻어서 계속 말했다.

"사극이 좋은 점이 얼마나 많은데요. 역사에 관심이 없는 일반 국민들에게 역사에 관심을 갖게 해 주죠, 외국에 수출돼서 우리나라 역사를 세계에 알리죠, 또 나처럼 역사 싫어하는 아이들이 역사 좋아하

게 만들죠."

"하지만 역사를 저렇게 왜곡하는 건 어쩌고? 역사를 흥미 위주로 만들서 사람들이 그걸 사실로 믿어 버릴 수도 있잖아."

한결이와 엄마가 한치의 양보도 없이 설전을 벌이는 동안 옆에서 한국이의 웃음소리가 들려왔다.

"와, 재밌다."

한결이와 엄마가 놀라서 한국이를 보았다. 방에서 자고 있던 한국이가 언제 일어났는지 거실 한가운데 앉아서 텔레비전을 보고 있었다.

한국이는 리모컨으로 여기저기 돌리며 아무렇지도 않게 말했다.

"엄마하고 형 싸우는 소리에 깼잖아. 이렇게 재미있는 걸 하는데 내가 왜 안 봤지? 엄마, 형, 이제부터 나 매일 만화영화 볼래."

사극은 사극일 뿐 오해하지 말자

우리나라 드라마 중에서 사극이 차지하는 비중이 높아요. 1970년대 텔레비전에서 방영된 사극이 큰 인기를 끌었다가 1980년대에는 약간 주춤했어요.

그러던 중 1996년 방영을 시작한 '용의 눈물'이 큰 인기를 끌면서 다시 사극 열풍이 불기 시작했지요. 그 이후 '허준', '여인천하', '왕건', '명성황후', '다모', '주몽', '대조영' 등의 사극들이 큰 인기를 끌었지요.

초창기에 방영된 사극에는 주로 권력 다툼을 하는 왕과 왕비 등 궁궐 내부의 암투가 주내용이었어요. 하지만 점차 내시나 궁녀 등이 주인공으로 등장하면서 다양한 계층의 인물들과 다양한 사건들을 다루고 있어요.

사극은 모르고 있었던 역사적 사실을 알게 해 주는 역할을 해요. 역사에 관심이 없는 청소년들에게 역사에 관심을 갖게 해 주는 역할도 하고요. 다양한 문화와 개성이 있는 인물들이 등장하기 때문에 재미와 교양을 주기도 해요. 결과적으로 사극은 시청자들에게 역사를 바라보는 시각을 넓힐 기회를 주고 있어요.

 사극의 뜻은 '역사적 사건이나 인물에서 이야깃거리를 빌려 온 희곡 또는 연극'이에요. 즉 실제 일어났던 일에 허구의 거짓 이야기를 엮어서 만든 드라마지요. 재미있게 드라마를 구성하기 위해 사실이 아닌 것도 사실처럼 묘사할 때가 있어요. 심각한 역사 왜곡이 사극에서 일어나는 셈이에요.

 사극에서는 등장인물들을 지나치게 미화하거나 더 나쁘게 표현할 때도 있어요. 물론 사극에 등장하는 인물들은 실존인물들이에요.

 하지만 인물만 역사 속에서 끌어왔을 뿐, 등장하는 인물들은 거의 가공의 인물들이라고 할 수 있어요. 작가는 시청자들이 원하는 영웅을 만들기 위해 실존 인물을 더 과장되게 표현하거든요.

 역사에 대한 지식이 부족하거나 정보가 없는 시청자들, 특히 청소년들은 자칫 사극 내용이 진실이라고 믿을 수가 있어요. 심지어는 역사 시험 문제에서도 사극에 등장한 탤런트 이름을 적는 웃지 못할 해프닝도 있을 정도예요.

 사극을 볼 때는 역사적인 지식이 충분해야 해요. 사극을 보기 전, 역사책을 충분히 읽어서 사극 속에 등장하는 인물들과 사건들이 어느 정도 잘못돼 있는지를 파악해야 해요. 사극의 홍수 속에서 '무엇을 받아들일 것인가' 하는 문제는 보는 사람이 결정해야 하거든요.

 우리나라 사극 50년

1960~1970년대 : 옥녀, 안국동 아씨
1980년대 : 조선왕조 500년 시리즈
1990년대
  용의 눈물 – 조선 초기 태종 때의 이야기
  허준 – 조선 제일의 명의 허준의 일대기
  왕과 비 – 성종과 폐비 윤씨의 갈등을 다룬 드라마
2000년대
  태조 왕건 – 후삼국 시대를 배경으로 견훤, 궁예 등 등장. 고려 건국 이야기
  불멸의 이순신 – 이순신 장군의 일대기
  장희빈 – 숙종 때를 배경으로 한 드라마
  여인천하 – 연산군 때부터 명종 때까지의 이야기
  명성황후 – 철종 때부터 을미사변 때까지를 다룬 드라마
  대조영 – 고구려가 멸망하고 당나라의 지배를 받던 시기부터의 이야기
  대장금 – 중종 때 의관이었던 장금이에 대한 이야기
  주몽 – 고조선이 끝나고 삼국 시대가 열리기 직전의 이야기
  선덕여왕 – 한민족 최초의 여왕인 신라 선덕여왕의 일대기
  태왕사신기 – 광개토대왕과 사신(주작, 현무, 청룡, 백호)의 활약상

2010년대

근초고왕 – 신라 삼국 통일에 의해 역사에 묻힌 백제 군주 근초고왕의 일대기

무신 – 노비 출신에서 고려 무신정권 최고의 권력자가 되는 김준의 이야기

뿌리 깊은 나무 – 조선 세종 때 훈민정음 반포 전 7일간 경복궁에서 벌어지는 집현전 학사 연쇄살인사건

추노 – 도망간 노비를 잡는 추노꾼 이야기

광개토대왕 – 광개토대왕의 활약상

사극의 좋은 점과 나쁜 점을 적어 보세요.

나는 고구려의 후손이다!

역사 8

중국의 동북공정

봉고차는 드넓은 중국 땅을 신 나게 달렸다. 중국이 넓다는 얘기는 많이 들었지만, 실제 와 보니까 입이 안 다물어질 정도로 넓었다. 하루종일 차는 달리고, 또 달렸다.

아이들은 여행이 힘들었는지 저마다 입을 헤벌리고 잠이 들었다. 어떤 아이는 침을 질질 흘리며 잤다.

"양념 통닭 반에 후라이드 반씩 섞어 주세요. 무도 많이 갖다 주세요."

한결이는 옆에 앉은 경태의 잠꼬대 소리에 깜짝 놀라 눈을 떴다.

창밖에는 드넓은 초원이 끝도 없이 펼쳐지고 있었다.

한결이가 중국에 온 것은 광개토대왕비를 보기 위해서였다. 광개토대왕에 대한 책을 읽으며, 광개토대왕에 반한 뒤, 꼭 한번 실물로 광개토왕비를 보고 싶었다. 드넓은 만주벌판을 달리며 호령했던 광개토대왕의 혼을 느껴 보고 싶었다.

다행히 인터넷 역사 동아리에서 중국 여행을 계획했다. 꼭 한번 가 보고 싶었던 광개토대왕비와 백두산을 올라가는 코스였다.

엄마에게 말하자 엄마는 흔쾌히 허락해 주었다. 대신 조건이 있었다.

"다음 사회 시험에는 100점을 받도록 해."

어유, 또 시험 점수 이야기.

한결이는 사회 시험 100점과 광개토대왕비 탐사 사이에서 고민했다. 사회 시험 100점을 받는 것은 불가능했다. 80점 넘기기도 힘든데 100점이라니.

하지만 광개토대왕비는 절대로 포기할 수 없었다. 한결이는 밑져야 본전이라는 각오로 열심히 공부했다.

사회 공부를 하면서 코피를 흘려 본 건 처음이었다. 교과서는 너무 봐서 너덜너덜해졌다. 뿐만 아니라 참고가 될 만한 책들도 닥치는대로 읽었다. 명성황후에 대해서 알아보려고 명성황후에 대한 책을 두 권이나 읽기도 했다.

드디어 시험 점수가 나왔다. 100점. 엄마는 그 자리에서 중국행을 허락했다.

봉고차는 드디어 광개토대왕비가 있는 지린성 지안시에 도착했다.

먼저 광개토태왕릉 주변을 구경했다. 하지만 한결이는 보자마자 실망했다. 광개토태왕릉 주변은 잡초가 무성했다. 제대로 손질도 안 되어 있었고, 초라하기 짝이 없었다.

경태도 실망한 모양이었다. 잠에서 덜 깬 얼굴로 주변을 둘러보던 경태가 말했다.

"에이, 시시해. 이게 뭐야?"

아이들이 모여서 안내원의 설명을 듣고 있었다. 한 아이가 소리쳤다.

"광개토대왕비는 어디 있나요?"

안내원이 빙긋 웃고 나서 말했다.

"자, 저를 따라오세요."

반듯하게 잘 정돈된 길을 따라 계속 걸었다. 멀리 작은 기와집이 보였다. 한결이는 가슴이 두근거렸다.

이윽고 그 건물 앞에 도착했다. 사방이 유리로 되어 있고, 안에 커다란 비석이 들어 있었다. 비석 앞으로 다가갈수록 한결이의 가슴도 더 심하게 뛰었다.

비석 앞에 도착하자 안내원이 말했다.

"바로 이것이 광개토대왕비입니다. 비석이 훼손되는 것을 막기 위해서 이렇게 유리관으로 보호하고 있습니다."

아이들은 신기한 듯 광개토대왕비를 둘러보기 시작했다. 한결이도 광개토대왕비를 보았다.

비록 한문을 읽을 수는 없었지만, 고구려 때 살아 숨쉬었던 광개토대왕의 숨결이 그대로 비석에 새겨져 있는 듯했다.

잠시 후, 안내원이 다가왔다. 한결이는 문득 평소에 궁금했던 것을 물었다.

"고구려는 우리 역사죠?"

안내원이 빙긋 웃으며 고개를 끄덕였다.

"예. 맞습니다."

한결이는 따지듯이 물었다.

"그런데 왜 중국은 고구리 역사를 자기네 역사에 넣으려고 하죠?"

당돌한 한결이의 질문에 안내원은 당황한 기색이었다. 한결이는 광개토대왕비를 가리키며 말했다.

"이거 보세요. 분명히 광개토대왕은 우리 고구려의 대왕이었고, 고구려는 우리의 역사잖아요. 그런데 중국이 고구려 역사를 왜 자기네 나라 역사라고 주장하는 거냐구요. 그럼 우리도 중국 사람인가요?"

안내원이 여전히 당황한 기색으로 말했다.

"학생, 무슨 말을 하고 있는지 잘 모르겠네요."

한결이는 당당하게 말했다.

"전 지금 동북공정에 대해서 말씀드리고 있는 거예요. 혹시 중국의 동북공정에 대해서 모르세요?"

안내원은 고개를 갸우뚱거리며 말했다.

"동북공정? 그게 뭔가요?"

"아니, 우리나라 사람이라면서 동북공정도 몰라요?"

"전 조선족입니다."

"조선족은 우리나라 사람 아닌가요?"

"그게 저…… 중국 학교에서는 고구려 역사를 배우지 않습니다."

그때 동아리 선생님이 한결이 옆으로 다가오셨다. 동아리 선생님은 고등학교 역사 선생님으로 특별히 아이들을 인솔해 온 선생님이다.

"한결이 학생, 내가 대답해도 될까?"

조선족 안내원이 그제야 안도의 한숨을 내쉬며 선생님 뒤로 한걸음 물러섰다.

한결이는 화가 난 목소리로 말했다.

"선생님, 전 이해가 안 돼요. 고구려 역사는 분명 우리 역사인데 왜 중국이 자기네 나라 역사라고 주장하는 건가요?"

선생님은 차분한 목소리로 설명하기 시작했다.

"한결이가 동북공정 때문에 몹시 화가 났구나. 맞아. 선생님도 여기만 오면 마음이 심란해지면서 화가 난단다. 네 말대로 고구려는 우리 역사야. 중국이 동북공정을 통해 우리 역사를 자기네 역사로 넣으려고 하지만 그건 말도 안 된다고 생각해."

그때까지 잠자코 있던 경태가 불쑥 물었다.

"그런데 자꾸 아까부터 동북공정, 동북공정 하는데 도대체 동북공정이 뭐예요?"

선생님이 씽긋 웃고 나서 말했다.

"동북공정은 말이다. 중국이 중국 안에서 일어났던 모든 역사를 중국 역사로 만들기 위해 벌이는 연구 작업을 말하는 거란다. 이제 알겠니?"

경태는 금세 풀죽은 목소리로 말했다.

"에이, 난 또 뭐 먹는 건 줄 알았네. 그럼 얘기 계속 나누세요."

역시 아까 차 안에서 잠을 자며 통닭에 무까지 찾더니 머릿속에 온통 먹는 생각 뿐이구나. 한결이는 경태를 가볍게 흘겨보았다.

그때 선생님 뒤에 있던 조선족 안내원이 놀란 얼굴로 말했다.

"예? 동북공정이 그런 거였습니까? 전 정말 몰랐습니다."

나는 고구려의 후손이다! 117

선생님이 말했다.

"물론 중국 사람들은 모르는 사람들이 더 많을 거예요. 관심이 없을 테니까요. 하지만 우리나라 사람이라면 결코 몰라서는 안 됩니다. 눈 뜨고도 코 베가는 세상이라지만, 눈 뜨고 우리 역사를 빼앗길 수는 없는 일 아니겠습니까?"

선생님은 허허, 웃었지만 한결이는 웃을 수가 없었다. 마음 같아서는 중국 한복판에 가서 "고구려는 우리 대한민국의 역사다! 절대 넘보지 마!"라고 소리라도 지르고 싶었다.

남의 나라 역사를 훔치다니!

중국은 주변국들을 오랑캐라고 여겼고, 오직 그들만이 하늘 밑의 중심이라고 믿었어요. 그래서 '중화사상'이 생겼지요. 중화사상에 젖은 중국 사람들은 중국 문화가 최고이고 다른 나라의 문화는 별 의미가 없다고 생각해요.

중화사상에 젖다 보니 중국 주변에 있는 나라들 역사도 중국의 아주 작은 역사에 불과하다고 판단했어요. 그 결과 국가적으로 역사 복원 사업을 펼쳤는데 그것이 바로 '동북공정'이에요.

동북공정은 '동북변강역사여현상계열연구공정'의 줄임말이에요. 우리 말로는 '동북 변경지역의 역사와 현상에 관한 체계적인 연구 과제'예요. 간단히 말해 중국의 국경 안에서 전개된 모든 역사를 중국의 역사로 편입하려는 연구 프로젝트라고 할 수 있어요.

중국은 2001년 6월 동북공정에 대한 연구를 추진하기로 했어요. 그 후 8개월간의 준비 기간을 거쳐 본격적으로 동북공정을 추진하기 시작했지요.

중국이 동북공정을 실시하는 목적 중 하나는 동북지역 즉 고구려,

발해 등 한반도와 관계된 역사를 중국 역사로 만들어 한반도가 통일 됐을 때 일어날 수 있는 영토 분쟁을 막기 위해서예요. 중국은 고조선과 고구려 발해 등을 고대 중국의 동북지방에 속한 지방 정권으로 규정하고 있어요. 오히려 북한과 한국 학자들이 역사를 왜곡하고 있다면서 중국이 왜곡된 역사를 바로잡겠다고 주장하고 있는 거예요.

하지만 고조선이나 고구려, 발해는 분명 한국의 역사예요. 우리나라가 만주까지 영토를 넓혔던 우리의 찬란한 역사지요.

중국은 동북공정으로 만주 벌판을 호령하며 살았던 우리 민족의 역사를 중국의 한 변두리 정권 역사로 축소해 버렸어요. 게다가 이예 자기네 영토에서 일어난 역사이기 때문에 자기네 역사라고 왜곡하고 있고요.

또 중국에서는 진시황을 역사적으로 재평가하는 작업을 하고 있어요. 진시황은 중국을 천하통일하고 강력한 중앙집권적인 정부를 수립했어요. 만리장성을 쌓아 왕의 권위를 높였고요.

그런 진시황을 재평가하는 이유는, 여러 민족인 중국을 강력하게 통합시켜 중국이 세계 무대로 진출하기 위해서예요.

역사는 한 번 기록되면 바꾸기 어려워요. 중국이 몇백 년 뒤에 동북공정의 연구 결과물을 내놓으며 우리나라까지 자기네 영토라고 주장할 수도 있어요. 중국의 역사 왜곡에 맞서 우리 정부와 학계에서도 치밀하게 대응해야 해요.

 동북공정 주요 프로젝트

♣ 공자 되살리기
중국 공산당은 공자를 철저히 비판했다. 하지만 이제는 공자의 사상이나 철학을 다시 되살리고 있다. 공자의 사상을 바탕으로 안으로는 사회 안정을 꾀하고 밖으로는 중화사상을 다지기 위해서이다.

♣ 발해 수도 유적지 복원 사업
중국은 발해를 당나라 때 동북지역에 말갈족과 다른 민족이 세운 소수민족 정권으로 못박고 있다.

그래서 동북공정의 일환으로 발해의 수도인 중국 상경용천부 유적지 복원 사업을 추진하고 있다. 2002년부터 5개년 계획으로 복원 준비 작업을 진행해 왔다.

♣ 일본에 발해 석비 반환 요구
중국이 일본에게 발해의 석비를 돌려달라고 요구하고 있다. 중국은 러일전쟁 때 일본이 전리품으로 가져간 '홍려정비'의 공개와 반환을 요구하고 있다. 홍려정비는 당나라가 발해국 국왕에게 군왕의 지위를 주고 두 나라 사이에 군신 관계를 맺은 사실을 기록한 비석으로 가로 3m, 세로 1.8m 크기다.

중국의 동북공정에 맞서 우리는 어떤 대응을 해야 할지 적어 보세요.

지리

독도와 동해 문제로 일본과 문제가 많아요. 오래전부터 당연한 것들을 일본이 자기네 영토라 우기는 거지요. 역사를 잘 공부했다면 독도와 동해를 지키기 위해서도 우리 함께 노력해 봐요.

뭉치면 살고
흩어지면 죽는다

김정호 따라하기

산골 소년 민재의 서울 나들이

팥죽 속 새알심의 정체

팥죽 속 새알심의 정체

산골 소년 민재의 서울 나들이

지리

서울 600년

"와, 한강이다!"

한강철교 위를 달리는 전철에서 밖을 내다보던 민재는 큰 소리로 환호성을 질렀다. 전철 안에 있던 사람들이 일제히 민재를 보았다. 민재는 누가 보든 말든 신이 나서 떠들어 댔다.

"한강 무지 길다. 무지 넓다. 와, 멋지다."

승객들은 이제 민재가 하는 말에 더 이상 귀를 기울이지 않았다. 무

심히 들고 있는 휴대폰을 들여다보거나, 고개를 숙인 채 졸거나, 신문 등을 읽었다.

민재는 강원도 영월 읍내에서도 차를 타고 한 시간 이상 걸리는 두메산골에 살고 있다. 버스도 하루에 겨우 두 번씩 다니는 곳이다. 민재는 아침에 한 번, 저녁에 한 번 오는 버스를 타고 학교에 다닌다.

민재는 태어나서 지금까지 한 번도 동네 밖으로 나온 적이 없었다. 평생 보고 자란 것은 하늘과 산뿐이었다. 물론 텔레비전으로는 많은 것을 봤다. 하늘을 찌를 듯한 서울의 고층 건물들도 봤고, 쌩쌩 달리는 자동차들과 유행이 바뀌는 서울 거리들도 다 봤다. 한 번도 가 보지 않았지만, 어렸을 때부터 텔레비전으로 서울을 봤기 때문에 서울이 낯설게 느껴지지 않았다.

이번 여름 방학, 민재에게 서울 구경을 할 수 있는 기회가 찾아왔다. 같은 인터넷 카페 친구 한결이가 민재를 서울로 초청한 것이다.

서울로 떠나기 전 민재는 너무 설레서 잠을 잘 수가 없었다. 서울에 가면 꼭 해 보고 싶은 것, 꼭 보고 싶은 것들을 적느라 정신이 없었다. 무엇보다 평소에 편지를 주고받았던 한결이도 꼭 보고 싶었다.

한강을 보며 감탄을 하고 있는 민재에게 한결이가 의젓한 얼굴로 말했다.

"저기 남산이 보이지? 저 위에 있는 N타워에서 우리나라 최초의 우주선이 발사될 거야."

민재는 깜짝 놀라서 남산쪽을 보았다.

하늘을 찌를 듯이 높이 솟은 N타워. 언제나 텔레비전으로만 봤지 실물로 보니 감개무량했다.

"정말이야? 정말 저 꼭대기에서 우주선이 발사돼?"

한결이는 배를 쥐고 웃으며 말했다.

"하하. 농담이야, 농담."

그제야 민재도 머쓱하게 웃었다.

전철에서 내린 뒤, 일행은 경복궁으로 갔다. 민재는 감탄이 가득 담긴 눈빛으로 경복궁을 둘러보았다. 한결이는 몇 번 와 봐서 이제는 자기네 집처럼 익숙해진 경복궁을 구석구석 안내해 주었다.

"경복궁의 역사는 서울의 역사라고 해도 과언이 아냐. 태조 이성계가 한양, 즉 서울로 새 도읍지를 정한 뒤 처음에 종묘를 건축하고 그 다음 해에 경복궁을 완성했어. 그러니까 이 궁궐은 600년이나 된 거야."

민재는 놀라서 입을 다물지 못했다. 600년 전 그때는 살아 있었을 태조 이성계의 혼이 벽돌 하나하나, 기둥 하나하나에 스며 있는 것처럼 느껴졌다.

경복궁을 구경하고 하늘을 찌를 듯 높이 솟아오른 서울의 빌딩 숲을 구경했다. 첨단으로 지어진 고층 건물들이 하늘을 향해 쭉쭉 뻗어 있었다. 민재는 건물들을 올려다보며 환호성을 질렀다.

"와, 정말 대단하다."

수많은 사람들과 온갖 상품들로 가득 찬 명동에 갔을 때 민재는 정신이 나간 것 같았다.

그 다음으로 한결이가 민재를 데리고 간 곳은 백화점이었다. 백화점에는 없는 물건이 없었다. 눈이 빙빙 돌 정도로 호화스럽고 화려한 물건들이 가득했다.

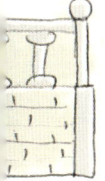

한결이는 자랑스럽게 첨단 전자제품을 가리키며 말했다.

"우리나라 전자제품이 세계에서 명품으로 통하는 거 알지? 휴대폰도 우리나라 제품이 세계 제일이래. 나도 여기서 휴대폰 샀어."

한결이는 주머니에서 휴대폰을 꺼내서 민재와 매장을 배경으로 사진을 찍었다. 민재는 한결이의 휴대폰을 신기한 듯 들여다보았다.

백화점에서 나온 두 사람은 복잡한 명동 거리를 함께 걸었다. 명동은 사람들이 너무 많아서 그냥 서 있어도 사람들에게 밀려다닐 정도였다.

한 아저씨가 민재 어깨를 툭 치고 지나가서 민재는 비틀거리며 하마터면 넘어질 뻔했다.

민재는 겁에 질린 표정이었다.

한결이는 민재 손을 잡고 말했다.

"안 되겠어. 여긴 사람이 너무 많지? 우리 다른 데 가자."

하지만 민재는 풀 죽은 표정으로 말했다.

"한결아, 나 내일 집에 갈래."

"왜?"

민재는 지치고 피곤한 얼굴로 말했다.

"집에 가고 싶어."

한결이는 실망이 이만저만이 아니었다. 아직도 보여 줄 곳이 더 많은데 벌써 집에 가겠다니.

두 사람은 전철을 탔다. 아까와는 달리 민재는 밖을 내다보지 않고 의자에 힘없이 앉아 있었다.

한결이는 조심스럽게 물었다.

"피곤해? 그럼 오늘 하루 쉬었다가 내일 또 서울 구경 할까?"

민재는 고개를 저으며 말했다.

"서울한테 실망이다. 서울이 역사가 600년이나 됐다면서? 근데 고작 60년도 안 된 도시같아. 엄청나게 발전한 것 같기는 한데 뭔가 정이 안 가고 차가운 느낌이야. 우리나라만의 전통과 색깔을 찾을 수가 없어."

한결이는 기분이 상했다. 실컷 좋은 구경 시켜 준다고 데리고 왔는

데 좋아하지는 못할망정 실망이라니.

그렇다고 민재에게 대놓고 뭐라고 할 수도 없었다. 한결이가 봐도 서울은 너무 복잡하다. 엄청나게 발전한 것 같기는 하지만 우리나라만의 색깔도 없는 것 같다.

한참을 말없이 걷던 민재가 불쑥 말했다.

"서울 사람들은 행복할까?"

한결이는 갑자기 말문이 막혔다. 한결이는 한 번도 그런 생각을 해 본 적이 없었다. 서울 사람들은 늘 바쁘다. 아빠도 엄마도 한결이 자신도 하루종일 바쁘게 살아간다. 자기 자신에게 "너는 지금 행복하니?"라고 물어볼 만한 시간도 여유도 없었다.

한결이는 민재의 질문에 대답을 할 수가 없었다. 주위를 둘러보았다. 수많은 사람들, 많은 자동차들, 가게에 넘치는 물건들, 높은 빌딩들. 하지만 사람들 얼굴은 한결같이 굳어 있었다. 아니 어쩌면 화가 난 것 같기도 했다.

밤이 됐지만 한결이와 민재는 밤늦도록 잠을 자지 못했다. 민재는 오늘 봤던 서울의 풍경들을 떠올려보았다. 평생 볼 사람들을 오늘 하루에 다 본 것 같았다. 하지만 이상했다. 그토록 오고 싶었던 서울이었는데, 전혀 기쁘지 않았다. 시골에서는 산으로, 계곡으로, 들판으로 마음껏 뛰어다녔는데 이곳은 뛰어다닐 곳이 없었다. 숨이 막히고 답답했다.

민재가 뒤척이고 있자 한결이가 조용히 물었다.

"잠이 안 와?"

민재는 기다렸다는 듯이 대답했다.

"나도 내가 이렇게 우리 고향을 좋아하는 줄 몰랐어. 거기서 살 때는 어떻게 하든 고향을 떠나고 싶었는데."

한결이는 곰곰이 생각한 끝에 말했다.

"정말 뜻밖이야. 나 같으면 그런 시골에서는 오래 못 살 거야. 답답해서."

"난 서울이 더 답답한데?"

두 사람은 더 이상 아무 말도 하지 않았다.

한결이와 민재는 서로 등을 맞대고 돌아누웠다.

창밖에 둥근 달이 떠 있었다. 27층 고층 아파트에서 내다보는 달은 밤이 되자 더 밝게 빛나고 있었다.

인구 천만의 거대 도시 서울

서울은 대한민국의 수도예요. 한반도의 서쪽 중심부에 위치하고 있고 중심부에는 한강이 흐르고 있어요.

서울에는 기원전 4000년 경에 사람이 살았던 흔적이 남아 있어요. 암사동 선사 유적지와 하남시 미사리 유적에서 선사 시대 유물이 발견되기도 했어요.

서울은 기원전 18세기, 백제 건국 초기에 최초의 수도로 등장했어요. 그 후 통일신라, 고려 시대를 거친 후 태조 이성계가 조선을 건국하면서 다시 수도로 자리잡았어요. 현재 면적이 650.41km이고, 인구는 약 천만 명인 거대 도시랍니다.

우리나라는 '88 아시안게임'과 '88 서울올림픽'을 치른 후 세계적으로 알려지게 되었어요.

서울은 도심 한복판에 아직도 경복궁, 덕수궁, 창경궁 등의 전통 유산이 남아 있어요. 하지만 하루가 다르게 최첨단 초고층 빌딩들이 들어서고 있어요. 전통과 현대가 공존하는 도시지요. 또 모든 정치, 경제, 사회, 문화 등의 중심 역할을 하는 도시이기도 해요.

서울은 긴 역사 속에서 한반도의 중심이 되어 눈부시게 발전하고 있어요. 빠르게 발전하는 만큼 부작용도 많아요. 서울에는 우리나라 인구의 4분의 1이 모여 살고 있어요. 이렇게 많은 인구가 도시에 몰려 살게 되면 많은 문제들이 발생해요.

첫째, 주택 문제예요. 인구가 많아지면 주택이 부족하게 되고, 그렇게 되면 집값이 높아질 수밖에 없어요. 서울의 집값은 세계에서 유래를 찾아볼 수 없을 정도로 높다고 해요.

두 번째, 교통 문제예요. 도로는 한정돼 있는데 차량은 점점 늘어나 교통체증이 심해질 수밖에 없어요. 지하철과 대중교통 수단이 발달했지만 아직도 서울은 늘어나는 차량들로 몸살을 앓고 있답니다.

세 번째, 환경 문제예요. 인구가 많을수록 오염물질이 더 많이 배출돼서 서울의 환경이 심각하게 오염되고 있어요.

개발이라는 이름하에 전통과 문화가 무시되고 마구 건물들이 지어지고 있는 것도 큰 문제점으로 지적되고 있어요. 600년의 역사가 무색할 만큼, 서울에서는 전통적인 건축물을 찾아볼 수가 없지요.

서울이 점점 더 발전하고 커질수록 농촌은 점점 죽어 가고 있어요. 시골에는 빈집이 늘어나고 학생이 없어 학교도 문을 닫는 곳이 많아요. 사람들이 점점 도시로 몰려들면서 농사를 지을 사람이 부족해지고 농촌은 노인들이 지키고 있는 실정이에요.

앞으로 600년 뒤, 후손에게 서울은 어떤 모습으로 비춰질까요?

 '서울'이라는 이름은 언제부터 사용했을까?

♣ 구석기 ~ 청동기 시대

한강 유역을 중심으로 구석기 유물이 발견되면서 사람들이 살았던 흔적이 발견되었다. 암사동 유적과 미사리 유적지는 대표적인 신석기 시대 주거지로 이곳에서 빗살무늬토기, 도끼, 어망추, 긁개 등이 발견되었다.

♣ 철기 ~ 삼국 시대

기원전 3세기 말에서 기원전 2세기 초에는 한반도에 철기문화가 전래되어 각 지역에서 성읍국가가 성립되었다. 고구려, 백제, 신라 삼국 중 가장 먼저 한강 유역을 차지한 것은 백제였다.

♣ 고려 시대

고려 시대 서울지방은 처음에는 '양주'로 불렸고, 문종 이후부터 충렬왕 때까지는 '남경'이라고 불렸다. 충렬왕 이후 고려 말까지는 '한양'이라고 불렸다.

♣ 조선 시대

태조는 즉위 3년 10월(1394년) 한양으로 천도한 후 종묘, 궁궐, 관아, 성곽 등

도성의 면모를 갖추어 나가면서 그 이듬해 '한양'을 '한성'이라고 고쳐 불렀다.

♣ 일제 시대

'한성'을 '경성'이라고 고쳤다. 대부분의 동명과 지명을 우리말에서 일본식으로 한자화했다. 도시 계획을 핑계삼아 성벽과 성문을 헐었다.

♣ 광복 이후

1945년 8월 15일 광복이 되면서 '경성'을 '서울'로 고쳤고, 1948년 대한민국 정부가 수립되면서 수도로 결정되었다. 그리고 1949년 8월 15일 지방자치법이 시행됨에 따라 '서울특별시'가 되었다.

> 도시와 농촌 중에서 어느 쪽이 더 살기 좋은지 생각해 보고 그렇게 생각하는 이유를 적어 보세요.

김정호 따라하기

> 지도

한결이는 마지막 책장을 덮었다. 한동안 가슴이 벅차 올라 멍하니 앉아 있었다.

'아아, 김정호.'

한결이는 방금 김정호에 대한 책을 읽었다. 마지막 장까지 단숨에 읽어 버렸다.

김정호는 지도에 미친 사람이었다. 누가 알아주지 않는데도 평생 지도만 만들었다. 돈을 벌지도, 높은 관직에 오르지도 못했지만 지도

는 그의 일생을 건 전부였다.

 마을을 돌아다니며 마을마다 몇 가구가 사는지, 나이, 성별 등도 조사했고 특산물이나 논과 밭, 지형 등도 조사했다. 통신이나 교통도 발달하지 않았던 그 시대에 오로지 두 발로 돌아다니며 우리나라 지

도를 만들었다는 사실을 알고 나서 놀랍기만 했다.

한동안 감동에 젖어 있던 한결이는 문득 지도를 만들고 싶은 충동을 느꼈다.

'그래. 나도 만들어 보는 거야. 우리나라 지도는 못 만들어도 우리 동네 지도라도 만들어 보자.'

한결이는 스케치북과 연필을 들고 밖으로 뛰어나갔다.

한결이가 살고 있는 동네는 아파트 단지가 들어서 있지만 대부분이 주택단지였다. 약수터가 있는 뒷산에 올라가 내려다보면 숨이 막힐 정도로 집들이 빽빽하게 들어차 있다.

무작정 밖으로 나왔지만 한결이는 눈앞이 막막했다.

'어유, 언제 이 동네를 다 돌지?'

먼저 집앞 도로에서부터 위쪽으로 올라갔다. 위쪽은 아파트 단지였다. 아파트는 모두 9동이나 됐다. 동마다 돌아다니며 동 호수를 그림으로 적어 넣었다.

그 다음 주택가가 나타났다. 주택가는 거미줄 같은 골목으로 이어져 있었다. 집들도 너무 많았다.

어느 골목으로 들어갔을 때 갑자기 앞에서 커다란 개 한 마리가 튀어나왔다. 개는 한결이를 보자 잡아먹을 듯이 짖어 대기 시작했다.

"멍, 멍."

한결이는 겁에 질려 뒷걸음질치다가 미친 듯이 골목을 빠져나왔다. 온몸이 식은땀으로 범벅이 되어 있었다. 다리가 후들거려서 더 이상 걸을 수도 없었다.

한결이는 한숨이 나왔다.

'어유, 동네 지도는 포기야.'

그때 한결이 앞으로 운동복 차림의 아저씨들이 지나갔다. 동네 앞 하천에서 운동을 하고 돌아가는 아저씨들이었다.

한결이는 좋은 생각이 떠올랐다.

'바로 그거야.'

한결이는 한걸음에 하천으로 달려갔다. 하천 주변에는 주민들이 운동을 할 수 있도록 조깅로와 자전거 도로가 잘 조성돼 있었다. 또 중간중간 운동을 할 수 있는 운동시설도 마련돼 있었다.

한결이는 환경 지도를 만들기로 결심했다.

우선 물에 사는 생물부터 관찰하기로 했다. 하천은 별로 깨끗해 보이지 않았다. 그런데도 곳곳에 낚시를 하는 아저씨들이 있었다.

한결이는 물속을 들여다 보았다. 물은 탁해서 안에 있는 물고기들이 보이지 않았다.

낚시하는 아저씨한테 가서 어떤 물고기가 잡히냐고 물었지만 괜히 방해하지 말고 저리 가라는 핀잔만 들었다.

물속에 있는 물고기를 잡으려다 하천에 빠지고 말았다. 물에 빠진 생쥐 꼴이 된 데다가 온몸에 하천 바닥에 있던 진흙이 묻었다.

물속에선 겨우 장구벌레와 실지렁이, 깔따구 유충을 찾아냈다. 하지만 더 이상 물에 사는 생물은 찾을 수 없었다.

지나가던 사람들이 한결이를 쳐다보고 뭐나 수근거렸다. 어떤 아줌마는 빨리 나오라고 소리치기도 했다.

결국 물속에 있는 물고기는 한 마리도 구경 못 하고 밖으로 나왔다.

한결이는 둑에 앉아 한숨을 푹푹 내쉬었다.

'어유, 환경 지도도 너무 어려워. 뭐 다른 지도 없을까?'

그때 둑에 피어 있는 꽃들이 눈에 들어왔다.

한결이는 또다시 좋은 생각이 떠올랐다.

'좋아. 꽃 지도를 만들자.'

둑에 피어 있는 꽃을 공책에 그리기 시작했다. 애기똥풀도 그렸고

높게 솟아 있는 해바라기도 그렸다.

한참 꽃을 그리고 있는데 갑자기 벌 한 마리가 윙윙거리며 날아왔다. 한결이는 손을 내저었다. 하지만 벌은 더 큰 소리로 윙윙거렸다. 그러자 다른 벌이 날아왔다. 한결이는 벌을 보자 겁이 났다. 벌들이 더 몰려왔다.

한결이는 벌떡 일어나 도망치기 시작했다.

"엄마야!"

번개보다 빨리 달렸다. 바로 귀 뒤에서 계속 성난 벌들이 '윙윙' 소리를 내며 따라오는 것 같았다.

한결이는 완전히 기진맥진한 얼굴로 바닥에 털썩 주저앉아 있었다. 온몸은 물에 젖었고, 진흙투성이였다. 지나가는 사람들이 이상한 눈빛으로 한결이를 보고 지나갔다.

한결이는 새삼 대동여지도를 만들기 위해 김정호가 얼마나 힘들었을지 조금은 알 것도 같았다. 그 당시 사람들은 김정호를 미친 사람 취급했을 것이다. 지도를 만든다고 밥이 나오는 것도 아니고 벼슬을 하는 것도 아닌데 김정호는 평생을 지도 만드는 일에 매달렸다.

'동네 지도 하나 만드는 데도 이렇게 힘든데 우리나라 지도를 만들

기 위해 얼마나 힘들었을까?'

한결이는 새삼 김정호의 용기와 신념이 대단하게 생각되었다.

"어머나, 한결아. 왜 그래?"

엄마 목소리였다. 한결이는 고개를 돌려보았다. 엄마가 시장 바구니를 들고 놀란 얼굴로 서 있었다.

"엄마."

한결이는 엄마를 보자 눈물이 왈칵 쏟아졌다. 오늘 하루 지도를 만들겠다고 고생고생하며 다녔던 일이 주마등처럼 지나갔다.

엄마는 달려드는 한결이를 밀쳐내며 얼굴을 씽그렸다.

"꼴이 이게 뭐야? 어유, 냄새."

엄마는 코를 막았다.

집으로 돌아온 한결이는 깨끗하게 목욕을 했다. 날이 어두워졌지만, 끝내 지도는 완성하지 못했다.

그리다 만 동네 지도, 환경 지도, 꽃 지도를 펼쳐놓고 화장실에 갔다 온 사이, 한국이가 지도에 낙서를 하고 말았다.

한결이는 화가 나서 소리쳤다.

"내 지도에 낙서하지 마."

"싫어. 내 마음대로 할 거야."

"이게 그냥. 확!"

한결이는 한국이를 한 대 때리려다가 문득 좋은 생각이 떠올랐다. 그러고는 한국이를 꼭 껴안고 볼에다 뽀뽀를 하더니 말했다.

"고맙다, 한국아."

한결이는 공책을 펴서 지도를 그리기 시작했다. 사방으로 나 있는 꾸불꾸불한 길들. 그 길 끝에는 컴퓨터를 그렸다. 다른 길 끝에는 통닭, 또 다른 길 끝에는 피자를 그렸다. 또 다른 길 끝에는 놀이동산을 그렸고, 또 다른 길 끝에는 축구공을 그렸다. 모두가 한결이가 좋아

하는 것들이었다.

맨 위에 큼지막한 글씨로 이렇게 제목을 써 넣었다.

내 마음의 지도

지도는 언제부터 만들었을까?

사람들은 왜 지도를 만들까요? 고대인들은 사냥을 잘하기 위해 지도를 만들었어요. 즉 어느 지역에 가면 어떤 동물이 많다는 것을 그림으로 나타냈는데, 그것이 곧 지도의 시초라고 할 수 있어요.

지금까지 가장 오래된 지도는 고대 바빌로니아의 점토판 지도로 알려져 있어요. 기원전 600년 전에 만들어진 이 지도는, 태양열로 구운 점토에 나뭇가지로 그림을 그려 넣었는데 현재 대영박물관에 보관돼 있어요.

우리나라에서 가장 오래된 지도는 태종2년 때인 1402년에 제작된 혼일강리역대국도지도예요. 지도의 크기는 가로 168센티미터, 세로 158.5센티미터이고 비단에 그려져 있어요. 이 지도는 동양에서는 최초로 그려진 세계지도로 알려져 있어요. 하지만 안타깝게도 이 지도는 일본 교토의 한 대학 도서관에 소장돼 있어요.

조선 시대 말, 김정호가 만든 청구도, 대동여지도, 대동지지 등은 세계에 자랑할 만한 지도와 지리서예요.

김정호는 국토를 사람의 몸에 비유해서 생각하는 전통적인 자연관을 바탕으로 산줄기와 물줄기를 정확하고 상세하게 표현했어요. 오늘날의 지도와 같이 다양한 기호를 활용해 행정, 군사, 경제, 교통 등의 각종 지리 정보를 쉽고 빠르게 읽을 수 있도록 했어요. 그 당시에는 몇몇 관리나 학자만이 볼 수 있었던 지도를 보다 많은 사람들이 볼 수 있도록 대동여지도를 목판본으로 만들기도 했지요.

김정호의 대동여지도는 1930년대 말까지 여러 면에서 많이 이용되었어요. 그 후 일본군은 아시아 침략의 준비 작업으로 한국의 5만분의 1 지형도를 제작하기 시작했어요. 지도가 침략의 도구로 사용된 셈이에요.

오늘날 지도는 우리 생활에서 널리 이용되고 있어요. 각종 조사, 연구, 사업 계획, 교육, 군사 등에서 널리 이용되면서 우리에게 많은 도움을 주고 있어요. 특히 지도의 정확성은 그 국가의 경제, 문화 수준을 결정지을 정도로 중요해요.

요즘은 세계 어느 나라, 어느 도시든 안방에서 볼 수 있는 정밀지도가 등장했어요. 인공위성에서 사진을 찍어 제공하는 '구글어스'로 이제는 우주지도까지 볼 수 있게 된 거예요.

TIP 지도 읽기

♣ 경선

지축의 양극(남, 북극)을 연결한 직선을 말하며 영국 그리니치 천문대를 통과하는 선(본초자오선)을 기준으로 하여 동으로 180°, 서로 180°로 나누어 동경, 서경으로 나누어 부른다.

♣ 위선

적도를 기준으로 하여 적도와 평행한 선으로 남, 북으로 90°씩 나누어 남위, 북위로 부른다.

경도선과 위도선은 각각 1°(도)를 60'(분), 1'(분)을 60"(초)로 나눈다.

좌표는 위도 먼저 읽고 나중에 경도를 읽는다.

예) 북위 38° 25' 49", 동경 120° 35' 29"

♣ 기호

실제 사물을 지도상에 그리기 위해 약속한 부호이다.

예) 시청 ◎ 학교 ▲ 도로 ╬ 온천 ♨ 절 卍
  등대 ✡ 다리 ⋈ 특별시·광역시·도청 ▣
  고속철도 ┿┿┿┿ 지하철 ─○─○─

♣ 축척

실제의 거리와 지도상의 거리의 비율을 말한다. 1/50,000 또는 1:50,000 등과 같이 분수법으로 표시한다. 지도상의 거리에 축척의 역수를 곱하면 실제 거리의 근사값이 나온다.

♣ 등고선

등고선은 기준점(대개 해발 0m)으로부터 동일한 높이를 가진 지점의 가상 연결선이다.

이 세상에 지도가 없었으면 어떤 일이 일어났을지 상상해 보세요.

체링이 원하는 세상

티베트 문제

++
++
++

"뛰어!"

갑자기 뒤에서 다급한 소리가 들려왔다. 주위에 있던 사람들이 일제히 번개처럼 달리기 시작했다. 느긋하게 걷고 있던 한결이는 영문을 몰라 두리번거렸다. 그때 옆에 있던 체링이 갑자기 한결이의 손을 잡고 달리기 시작했다.

한결이는 체링 손에 이끌려 달렸다. 학교 운동회에서 100미터 달리기를 할 때처럼 번개 같은 속도로 달렸다.

달리면서도 영문을 몰라 어리둥절했다. 하지만 얼핏 본 체링의 얼굴에서 뭔지 모를 다급함이 느껴졌다.

뒤쪽에서 총소리가 들렸다. 비명소리도 들리는 것 같았다.

한참 정신없이 달려 한 허름한 건물 뒤로 숨었다. 체링의 얼굴은 땀으로 범벅이 되어 있었다. 한결이는 잔뜩 겁에 질린 얼굴로 물었다.

"왜 그래? 방금 총소리 아니었어?"

체링은 경계를 늦추지 않은 눈빛으로 주위를 두리번거리더니 말했다.

"여기서 가까운 곳에 우리 친척집이 있어. 일단 그곳으로 피신하자. 거기 가서 얘기해 줄게."

또 한 무리의 사람들이 다급하게 도망갔다. 그중에는 승려복을 입은 스님들도 많았다. 체링은 무리들에게서 떨어져 나와 동네 주택가로 한결이를 데리고 갔다. 군복을 입은 군인들이 도망치는 스님들과 사람들을 뒤쫓아갔다.

한 허름한 벽돌집앞에 도착했을 때, 체링은 다급하게 문을 두드렸다. 나무 문이 삐그덕 소리를 내며 조금 열렸다. 체링의 얼굴을 확인한 주인은 문을 조금 열었다. 체링이 한결이에게 따라 오라는 시늉을 해 보였다. 한결이는 체링을 따라 집 안으로 들어갔다.

집 안은 대낮인데도 어두컴컴했다. 어둠이 차차 눈에 익자 집 안 풍경이 보였다. 가구도 별로 없는 집에는 몇 사람이 겁에 질린 표정으로 한결이를 보고 있었다.

한결이는 며칠 전 이곳 티베트에 왔다. 티베트를 일 년 동안이나 여행했던 삼촌이 세상에서 가장 성스럽고 순결한 땅을 구경시켜 주겠다고 해서 삼촌을 따라 온 것이다.

문명의 때가 묻지 않은 순수한 나라, 달라이 라마의 나라, 불교가 생활인 나라.

한결이가 생각한 티베트는 바로 그런 나라였다.

삼촌은 아예 이곳에서 자원봉사를 하며 지내고 있었다. 삼촌이 자원봉사를 하는 동안 삼촌이 살고 있는 집 주인 아들인 체링이 수도라사 구경을 시켜주겠다고 한결이를 데리고 나왔다. 하지만 구경은커녕 이렇게 중국 군인들에게 쫓기는 신세가 된 것이다.

체링은 한결이에게 서툰 한국말로 말했다.

"한결, 미안해."

그때까지 한결이는 도대체 왜 이런 일이 일어났는지 짐작조차 못했다. 분명히 군인들이 총을 쐈고, 총을 맞은 사람은 길거리에 쓰러졌다. 스님도 피를 흘리고 쓰러졌다.

하지만 체링은 방금 전 그 광경에 대해서 설명을 해 줄 만큼 한국말을 잘하지 못했다. 집 주인이 차를 내왔다. 한결이는 차를 한모금 마셨다. 텁텁하고 약간 쓴 맛이 났지만 조금 있으니 마음이 조금 안정되었다.

한결이는 밖에 나가고 싶었지만, 체링과 집 주인 부부가 꼼짝도 못하게 했다. 한참 불안한 마음으로 앉아 있는데 삼촌이 들어왔다.

"삼촌!"

삼촌을 보자 한결이는 죽었다가 살아난 사람이 돌아온 것처럼 반가

체링이 원하는 세상

웠다. 삼촌은 급히 뛰어왔는지 얼굴이 새빨갛게 달아올라 있었고, 숨을 헐떡였다.

"한결아, 무사했구나."

"삼촌!"

한결이는 다짜고짜 삼촌을 부둥켜 안았다. 방금 전에 있었던 일이 도무지 믿어지지 않았다.

삼촌은 한결이가 어느 정도 진정되자 방금 전 일어났던 일에 대해서 설명하기 시작했다.

먼저 왜 중국 군인들이 티베트 사람들을 향해 총을 쏘는지를 알리면 티베트의 역사부터 알아야 한다고 했다.

티베트는 세계의 지붕이라고 불릴 정도로 고도가 높다. 수도 라싸는 고도가 3,800미터나 된다. 나라가 산 위에 있는 것이다.

티베트는 7세기 초 국가를 형성했다. 원나라와 청나라 때를 제외하고는 독립적인 국가였다. 그런데 중국이 공산국가를 세우면서 1949년 사천성과 운남성 일대의 동티베트 영토를 중국에 편입시켜 버렸다.

중국은 56개의 소수민족으로 이루어진 나라인데, 대부분이 한족이다. 중국은 한족과 티베트의 장족이 문화와 언어의 뿌리가 같다는 이

유로, 중국과 티베트가 같은 나라라고 주장한다.

티베트는 정치와 종교가 하나인 나라였다. 달라이 라마라고 하는 정치, 종교적 지도자가 티베트를 통치하고 있었다.

티베트 사람들은 중국의 탄압에 항거해 1959년 독립봉기를 일으켰다. 하지만 중국은 군인들을 보내 6천여 개의 불교사원을 파괴하고 120만 명의 티베트인들을 학살했다.

14대 달라이 라마는 세계를 떠돌며 티베트 독립운동을 하고 있다. 그는 비폭력 독립운동으로 노벨평화상을 받기도 했다.

하지만 세계 열강들은 티베트 문제에 관여하려고 하지 않았다. 세계 초강대국으로 떠오른 중국의 눈치를 봐야 하기 때문이다.

2008년 베이징 올림픽이 열리기 전, 티베트 사람들은 전 세계에서 시위를 일으켰다. 세계인들의 이목이 중국에 집중되었을 때 티베트 문제를 알리기 위해서였다.

그러나 중국은 무력으로 시위대를 제압했다. 시위대를 향해 총을 쏘고, 주동자들을 잡아들였다.

한결이는 삼촌의 이야기를 듣고 나서야 방금 전 일어났던 총격이 이해가 됐다. 한결이는 체링을 보았다. 깊은 눈동자를 가진 체링은 슬픈 표정으로 한결이를 보았다.

　한결이는 체링의 손을 잡았다. 왠지 체링이 살고 있는 티베트의 운명이 남의 일 같지 않았다. 한결이는 직접 겪어 보지는 못했지만 일제강점기 때의 일이 떠올랐다. 그때 독립운동을 하던 독립군들도 일본군에게 쫓기거나 잡혀서 모진 고문을 당했다고 한다. 나라를 잃은 설움이 얼마나 큰지, 조금은 이해할 수 있을 것 같았다.

　한결이와 삼촌, 체링은 한참을 더 그 집에 숨어 있었다. 이제 밖은 조용해졌다. 밖에 나갔던 집주인 아저씨가 돌아왔다. 아저씨가 삼촌에게 뭐라고 말했다. 삼촌이 밝은 표정으로 말했다.

　"중국군들이 모두 철수했다는구나. 이제 나가도 되겠어."

　한결이와 삼촌은 밖으로 나왔다. 밖은 전쟁의 화마가 훑고 지나간 것 같았다. 거리 곳곳에 사람들이 피를 흘리며 쓰러져 있었고, 돌맹이와 나무토막 같은 것들이 널려 있었다. 불에 타고 있는 자동차도 한 대 있었다.

　체링이 급하게 쓰러져 있는 사람에게 다가갔다. 한결이도 그쪽으로 달려갔다.

　승려복을 입은 스님이 다리를 움켜쥐고 신음을 내뱉고 있었다. 체

체링이 원하는 세상　161

링은 능숙한 솜씨로 옷을 찢어 스님의 다리에 묶었다. 삼촌도 부상자들을 돌보기 시작했다.

  한결이도 삼촌과 체링을 도와 부상자들을 치료해 주었다. 피를 닦아 주고, 먹을 물을 가져다 주었다. 어느새 사람들이 거리로 가득 쏟아져 나왔다. 사람들은 누가 시키지도 않았는데 일사불란하게 움직이며 부상자들을 실어 날랐다.

  힘들고 무서웠지만 한결이는 묵묵히 참고 열심히 부상자들을 보살폈다. 왠지 모르게 한번도 얼굴을 본 적이 없는 일제강점기 때 독립군들이 생각났다. 그들도 우리나라를 되찾기 위해 이렇게 피를 흘리며 쓰러졌겠지.

  그때 누군가 손을 내밀었다. 피가 묻어 있는 손이었다. 한결이는 고개를 들었다. 체링이었다. 한결이는 그 손을 잡고 일어났다.

  체링이 한결이를 향해 엄지손가락을 높이 쳐들어 올렸다. 한결이도 체링에게 엄지 손가락을 쳐들어 올리며 말했다.

"용기 잃지 마, 체링. 언젠가는 네가 원하는 세상이 올 거야."

체링은 한결이 말을 알아들었는지 씨익 웃어 주었다.

중국이 티베트를 포기하지 못하는 이유

중국은 56개의 소수민족으로 이루어진 나라예요. 그중 한족이 91%를 차지하고 소수민족은 고작 9%를 차지하고 있어요. 하지만 영토는 소수민족이 61%를 가지고 있어요. 그리고 소수민족이 갖고 있는 영토에는 엄청난 지하자원이 묻혀 있어요.

티베트는 중국 영토의 1/8, 한반도의 6배에 해당하는 영토를 가지고 있지만, 목축업으로 생계를 이어 와 주민 평균 소득은 중국에서 가장 낮아요. 티베트는 통일국가를 이루던 나라였어요. 하지만 중국이 오래 전부터 자신들이 통치했다는 이유로 1950년 티베트를 침공해 통치하기 시작했어요. 티베트를 중국 소수민족의 자치구 중 하나로 만들어 버린 거예요.

티베트 사람들은 수없이 독립운동을 벌였어요. 하지만 그때마다 중국은 무력으로 시위를 진압했어요. 이 때문에 수많은 티베트 사람들이 죽고 14대 달라이 라마는 인도로 망명해서 망명 정부를 세웠지요.

중국이 티베트의 독립을 막는 이유는 여러 가지가 있어요.

첫째, 티베트가 독립에 성공한다면 다른 소수민족들도 독립을 하려고 할 거예요. 중국 입장에서는 골칫거리가 아닐 수 없지요.

둘째, 티베트 지역에는 금강석과 마그네슘 등 70여 종이 넘는 지하자원이 매장돼 있어요.

셋째, 티베트는 인도, 네팔 등과 인접해 있어 지리적으로 아주 중요한 곳에 위치해 있어요. 특히 티베트의 수도 라싸는 세계에서 가장 높은 곳에 위치해 있어 '세계의 지붕'이라 불리지요. 고원지대의 특성을 이용할 수 있기 때문에 군사적으로도 매우 중요한 위치예요.

이런 이유들로 중국은 절대 티베트를 포기하지 않아요. 달라이 라마의 호소에도 불구하고 세계 강대국들은 티베트의 독립 문제를 외면하고 있어요. 많은 이해관계가 얽혀 있고, 세계 최강국으로 떠오른 중국의 눈치를 보고 있기 때문이에요. 달라이 라마가 우리나라를 방문하기로 했지만, 중국이 반대하는 바람에 우리나라 방문을 하지 못했던 적도 있어요. 우리나라 정부에서 방문 허가를 내 주지 않았거든요.

이처럼 세계의 외면 속에서도 티베트는 외롭게 독립운동을 하고 있어요. 베이징 올림픽이 열리기 전에도 세계 여러 나라에서 시위를 벌였지만, 모두 다 실패하고 말았어요. 하지만 티베트 사람들의 독립의지는 아직도 꺾이지 않았어요. 앞으로도 티베트와 중국간의 무력 충돌은 계속될 전망이에요.

 달라이 라마, 그는 누구인가?

'달라이'라는 단어는 '큰 바다'라는 뜻의 몽골어이고 '라마'는 '스승'이라는 뜻을 가진 인도어 '구루'에 해당하는 티베트어이다. '달라이 라마'는 '지혜의 바다', 혹은 '큰 지혜를 가진 큰 스승'이라는 뜻으로 해석될 수 있다.

티베트는 다른 불교 종파와는 달리 달라이 라마를 티베트의 종교적, 정치적 지도자로 인정하고 있다.

티베트 사람들은 달라이 라마가 자비의 보살인 관세음보살의 화신이라고 믿고 있다. 달라이 라마가 죽으면 다시 달라이 라마가 환생한다고 믿는다.

현재 14대 달라이 라마의 이름은 텐진 갸초. 그는 티베트에서 농부의 아들로 태어나 4세 때 정식으로 달라이 라마가 됐다. 6세 때부터 본격적으로 달라이 라마 교육을 받기 시작했다. 그는 수백 권의 티베트 경전뿐 아니라 형이상학, 예술, 공예, 의학, 변증법, 산스크리트어까지 배웠다.

16세 때는 티베트 정부의 수반이 되었고, 중국의 탄압이 시작되자 인도로 망명했다. 인도에서 망명 정부를 꾸린 그는 35권 이상의 책을 썼다.

그는 세계를 돌며 불교의 가르침을 알리면서 전 세계에 티베트의 독립을 지지해 줄 것을 호소하고 있다.

제14대 달라이 라마에게 편지를 써 보세요.

강화도에서 생긴 일

강화도

왜 하필 마니산 참성단인지 모르겠다. 한결이는 운동화 끈을 단단히 묶으며 불만에 가득 찬 표정으로 툴툴거렸다.

아빠가 강화도에 있는 마니산 등산을 하겠다고 결정했을 때 한결이는 한사코 싫다고 떼를 썼다. 등산은 한결이가 가장 싫어하는 것 중의 하나였다.

한결이는 산을 오르는 것은 세상에서 가장 어리석은 행위라고 생각했다. 땀을 뻘뻘 흘리며 한 걸음 한 걸음 산을 올라간다. 아무 재미도 없고 힘만 든다. 힘들게 산을 올라가 봤자 재미있는 건 아무것도 없다. 시원한 바람과 저 멀리 넓게 펼쳐져 있는 풍경들뿐이다.

산 정상에서 잠깐 숨을 고른 뒤, 다시 내려온다. 산을 내려올 때는 올라갈 때보다 더 힘들다. 아무것도 없는 산 꼭대기를 사람들은 왜 기를 쓰고 힘들게 올라가는 걸까?

며칠 전 아빠가 "이제부터 휴일마다 등산을 하자. 제일 먼저 정복할 산은 강화도에 있는 마니산이다."라고 했을 때 한결이는 무슨 핑계를 대서든지 피하고 싶었다.

숙제가 많은데…….

친구와 약속이 있는데…….

배가 아파서…….

수많은 핑곗거리를 생각해 봤다. 하지만 막상 휴일이 되어 등산복을 챙겨 입는 아빠한테는 아무 말도 할 수 없었다.

이번 등산은 아빠와 함께 단 둘이 하게 되었다. 엄마는 한국이를 데리고 엄마 친구들과 놀이동산에 가기로 한 것이다. 한결이도 마음 같아서는 놀이동산에 가고 싶었다. 하지만 한결이 또래 아이들은 없고 모두 한국이 또래 아이들만 바글거리는 곳에는 끼고 싶지 않았다.

마니산은 처음 가 보는 산이었다. 하지만 학교에서는 배워서 알고 있었다. 마니산 꼭대기에는 참성단이 있다. 단군이 하늘에 제를 올리기 위해 쌓아 올렸다는 제단이다. 지금도 개천절 때 참성단에서 제천행사를 한다. 또 전국체전 때 성화는 참성단에서 태양열을 이용해 붙인다.

마니산 입구에 도착했다. 아빠는 산 주위를 둘러보며 말했다.

"온몸에 기가 팍팍 느껴지지 않니?"

한결이는 곰곰이 생각해 보았다. 온몸에 기가 느껴지기는커녕 산에 올라가기 싫은 마음만 가득했다.

한결이는 입을 삐죽이 내밀고 말했다.

"아무것도 안 느껴지는데요?"

아빠는 한결이 기분에는 아랑곳하지 않고 즐거운 표정으로 말했다.

"강화도는 우리나라에서 가장 핵심적인 역사의 고장이야. 저항과 독립정신이 살아 있고 국난을 극복한 현장이지."

한결이는 아빠 말을 건성으로 들었다.

"알아요, 알아. 고려 시대 때 몽골족들의 침입을 막아 낸 삼별초가 있었고 임진왜란 때 팔만대장경을 세겼고, 그 유명한 강화도 조약도 여기서 체결했잖아요."

이미 강화도에 대한 내용은 학교에서 배울 만큼 배웠다. 역사적으로 중요한 곳이라는 것도 알고 있다. 하지만 공부는 공부 시간에 하는 것만으로도 지겹다. 쉬는 날 쉬지도 못하고 강화도까지 와서 역사 공부를 하는 건 말도 안 된다.

'차라리 한국이를 따라 놀이동산에나 갈걸 그랬어. 꼬마애들하고 꼬마기차를 타는 게 아빠랑 힘든 등산을 하는 것보다는 나았을 텐데.'

한결이는 후회가 밀려왔다. 하지만 이미 어쩔 수 없는 일이다. 한국

이는 지금 친구들하고 즐겁고 신 나는 놀이동산에 있고, 한결이 자신은 마니산을 오르기 위해 운동화 끈을 단단히 조여매고 있는 중이다.

아빠는 가볍게 걷기 시작했다. 하치만 한결이 발걸음은 무겁기만 했다.

위로 올라갈수록 점점 힘이 들었다. 한 걸음 한 걸음 옮길 때마다 발에 돌멩이를 매달아 놓은 것처럼 발걸음이 무거웠다.

아빠는 한 마리 다람쥐처럼 날쌔고 가볍게 산을 올라갔다. 그러나 한결이는 점점 뒤쳐졌다.

저 멀리 올라간 아빠가 손짓을 하며 소리쳤다.

"한결! 빨리 와!"

힘이 들수록 한결이의 불만도 더 심해졌다. 다시는 마니산에 오나 봐라. 두 번 다시 등산은 하지 않으리라. 맹세를 하고 또 맹세를 했다.

헉헉.

숨이 턱까지 찼다. 몇 번이나 중간에서 쉬었다. 아빠는 이미 보이지 않을 만큼 멀어졌다.

깊은 산속, 고개를 들어 보면 하늘까지 닿을 것 같은 작고 구불구불한 길이 보였다. 한결이는 널찍한 바위에 털썩 주저앉았다. 주위에는 아무도 없었다.

'에라, 모르겠다. 좀 쉬었다 가자.'

한결이는 바위에 벌러덩 누웠다. 하늘은 울창한 나무에 가려 보이지 않았다. 눈을 감자 스르르 잠이 왔다. 한참을 달게 자고 있는데 누군가 툭툭 옆구리를 쳤다. 반쯤 눈을 뜨고 올려다보니 웬 험상궂게 생긴 남자가 한결이 옆구리를 발로 툭툭 차고 있었다.

"에이, 누구야?"

한결이는 눈을 비비고 일어나 앉았다. 바로 그때 그 험상궂게 생긴 남자가 한결이를 향해 긴 칼을 들이댔다. 한결이는 깜짝 놀라서 벌떡 일어났다.

"누, 누구세요?"

정신을 차리고 보니 그 남자는 이상한 복장을 하고 있었다. 머리에는 이상한 모자를 쓰고 사극에서나 볼 수 있을 것 같은 옛날 군졸 옷을 입고 있었다. 등 뒤에는 활을 차고 있었고, 손에는 긴 칼을 들고 있었다.

얼굴은 새까만 색이었는데, 햇빛에 탄 것인지 때가 낀 것인지 새까만 얼굴에 눈만 새하얗게 부릅뜨고 있어서 살벌해 보였다.

강화도에서 생긴 일

　그 남자가 한결이에게 다가오더니, 위압적인 얼굴로 물었다.

　"꼼짝마라."

　한결이는 꼼짝을 할 수가 없었다. 가끔씩 가위에 눌려서 꼼짝을 못할 때가 있었는데 지금도 가위에 눌리고 있는 것 같았다.

　한결이는 간신히 물었다.

　"아, 아저씨는 누, 누구신데요?"

　그 남자는 한결이가 묻는 말에는 대답도 하지 않고 한 걸음씩 한결이에게 다가왔다. 그 남자가 들고 있던 칼이 날카로운 빛을 뿜어냈다.

　"너 몽골족이지? 너희 군대는 어디 있느냐? 바른대로 대지 않으면

강화도에서 생긴 일 175

당장 네놈의 목을 칠 것이다."

'뭐, 뭣이라고? 내, 내목을 친다고?'

한결이는 자기 목을 손으로 쥐었다. 안 돼. 절대 그럴 수는 없다. 이럴 때 가장 필요한 것은 뭐? 바로 스피드!

한결이는 재빨리 몸을 돌려 뛰기 시작했다. 아까는 돌멩이를 매달아 놓은 것처럼 무겁던 발이 새털처럼 가벼웠다. 뒤에서 그 남자가 고함을 지르며 따라왔다.

"게 섰거라."

한결이는 미친 듯이 바위 계단을 뛰어 올라갔다. 이건 현실이 아냐, 이건 꿈이야. 마음속으로 계속 그렇게 소리쳤다.

땀이 비오듯 쏟아졌다. 다리에 힘도 풀려 갔다. 하지만 걸음을 멈출 수는 없었다. 바로 뒤에 긴 칼을 들고 쫓아오는 그 이상한 남자한테 잡히면 끝이다. 한결이는 죽을 힘을 다해 도망쳤다.

저 멀리 꼭대기쯤에 아빠가 보였다. 한결이는 마치 구세주를 발견한 것처럼 소리쳤다.

"아빠, 살려줘!"

아빠가 뒤를 돌아보았다. 한결이는 마지막 남은 힘을 다해 산을 올라갔다. 아빠가 한결이를 기다려 주었다. 한결이는 아빠에게 와락 달려들어 울음을 터트렸다.

"아빠!"

아빠는 한결이를 보더니 활짝 웃으며 말했다.

"이 높은 곳을 뛰어서 올라왔어? 우리 한결이 대단하다. 히말라야 산도 오르겠는걸?"

한결이는 산 아래쪽을 내려다보았다. 아래쪽에는 아무도 없었다. 정말 이상했다. 방금 전까지 두 눈을 부릅뜨고 쫓아오던 그 이상한 남자가 보이지 않았다.

내가 꿈을 꾼 걸까? 아냐. 꿈이라고 하기에는 너무 생생해. 아빠한테 말할까? 아냐. 말해도 믿지 않을 거야.

한결이는 아빠를 따라 산을 올라갔다. 어느새 저 앞에 정상이 보였다. 마니산 정상이었다.

저항의 역사가 살아 있는 땅 강화도

　강화도는 대한민국의 서울특별시의 북서쪽, 휴전선 근처에 있는 섬이에요. 육지와는 강화대교와 초지대교로 연결되어 있어요. 행정구역상으로는 인천광역시에 속해 있고요.

　고려 시대에는 '혈구'로 불렸고 신라 경덕왕 때 '해구군'으로 바뀌었으며 고려 때 지금의 '강화'라는 이름을 갖게 되었어요.

　강화도는 오래전부터 우리 민족의 역사가 담겨 있는 곳이에요. 세계 문화유산으로 지정된 고인돌 유적지와 단군이 세 아들을 시켜 쌓았다는 삼랑성과 참성단이 있어요.

　강화도는 고려 시대 때 도읍이 된 적이 있었어요. 몽골군이 쳐들어왔을 때 도읍을 강화도로 옮겨 49년간 도읍지가 되기도 했지요.

　고려 시대 때 몽골은 몇 차례 고려를 침략했어요.

　첫 번째 침략은 1231년이었는데 몽골 사신이 압록강 근처에서 죽은 것을 핑계로 개경까지 침입했어요.

　일년 뒤 몽골은 또다시 고려를 침략했어요. 몽골은 고려에게 무리한 공물을 요구했어요. 고려는 도읍을 강화도로 옮기고 몽골과 맞서 싸웠어요. 내륙지역에 사는 몽골군은 바다 싸움에 약했기 때문에 강화도로 옮긴 거예요. 그 뒤로도 몽골군은 4번이나 더 고려를 침략했어요. 고려는 몽골군의 침략에 맞서 당당하게 싸웠어요.

특히 삼별초의 활약이 두드러졌어요. 삼별초는 도적을 막기 위해 만든 특별부대와 몽골군에 잡혀 갔다가 탈출한 병사들을 모아 만든 부대였어요.

배중손이 이끄는 삼별초는 근거지를 강화도에서 진도, 제주도로 옮겨 가면서 끝까지 몽골군에 대항해 싸웠어요. 삼별초는 제주도에서까지 몽골군에 맞서 싸웠지만 4년만에 무너지고 말았어요.

임진왜란 때는 의병들이 활동하면서 다른 지역 전투를 지원했어요. 우성전과 김천일이 강화도로 들어와 남북으로 통하는 길을 확보하면서 왜군의 보급로를 차단했지요. 특히 이들은 양화도 전투에서 대승을 거두기도 했어요. 이처럼 강화도는 다른 나라의 침략을 받을 때마다 굴하지 않고 끝내 버텨왔던 저항의 섬이었어요.

하지만 구한말에는 병인양요, 신미양요, 운양호 사건 등 프랑스와 미국, 일본 등 열강들의 침입을 받고 개항을 강요당했어요. 굴욕적인 강화도 조약을 맺기도 했지요.

구한말의 중요 사건들

♣ 병인양요

　흥선대원군은 천주교를 금했다. 수천 명의 천주교도들이 처형을 당하자 살아남은 프랑스 신부가 이 사실을 프랑스에 알렸다. 조선과 통상을 바라던 프랑스군은 함대를 이끌고 강화도를 침입했다. 프랑스 군대는 강화성을 점령하고 40여 일이나 한강 입구를 차단, 쌀이 서울로 들어올 수 없게 했다.
　이때 흥선대원군은 양헌수에게 프랑스군을 무찌르라고 명령했다. 프랑스 군대는 패배하고 물러가면서 강화읍을 파괴하고 서적 등 많은 문화재와 금, 무기 등을 가져갔다. 병인년에 서양과 싸움이 있었다고 해서 '병인양요' 라고 한다.

♣ 신미양요

　미국의 상선 제너럴셔먼호가 대동강을 거슬러 올라가 통상을 요구했지만 평양 군민들과 충돌해 선원과 배가 불타 버렸다. 그러자 미국은 제너럴셔먼호 사건의 책임을 물어 통상 조약을 맺으려고 5척의 군함과 병력으로 강화도를 공격했다.
　흥선대원군은 즉시 철수를 요구했지만 강화도 초지진을 점령한 미군은 다시 광성진을 공격했다. 이에 맞서 중앙군과 강화수비군이 싸워 미군은 강화도에서 물러갔다.

♣ 운요호 사건

　1875년 일본 군함 운요호가 강화해협을 불법으로 침입하자 조선 수비병이 일본 보트를 공격했다. 일본은 싸움의 책임이 조선에 있다면서 개항을 요구했다. 이 사건으로 조선과 일본간에 강화도 조약이 체결되면서 문호가 개방되기 시작했다.

♣ 강화도 조약

운요호 사건을 구실로 일본은 조약 체결을 강요했다. 1876년 조선과 일본 대표가 강화도에서 통상 수교조약을 맺었는데 이 결과 서양 문물이 활발하게 들어왔다. 강화도 조약은 조선이 외국과 처음으로 맺은 조약이지만 모든 조건에서 불평등한 조약이었다. 강화도 조약 체결로 일본에 의한 경제적인 침략 행위가 쉬워졌다.

> 강화도 조약이 체결되지 않았으면 우리나라는 현재 어떻게 되었을지 상상해 써 보세요.

팥죽 속 새알심의 정체

이야기 5

동지

++
++
++

아침부터 집 안에 팥 삶는 냄새가 가득하다. 한결이는 늦잠에서 깨 코를 킁킁거리며 밖으로 나갔다.

겨울 방학이 되자마자 한결이와 한국이는 시골 할아버지 댁으로 내려왔다. 여기서 새해를 보낼 예정이다.

할아버지 댁은 하루에 버스가 두 번밖에 안 다니는 오지마을이다. 아빠와 아빠 형제자매들은 이곳에서 나고 자랐다고 한다. 지금은 할아버지와 할머니 두 분이 농사를 지으며 살고 계신다.

한결이는 할아버지 댁에 오는 게 좋다. 화장실이나 잠자리는 조금 불편하지만 그것만 빼면 모든 게 다 좋다.

밖에 나가면 온 천지가 다 놀이터다. 여름에는 집 앞 계곡에 가서 물놀이도 하고, 겨울에는 언덕에 올라가 눈썰매도 탄다. 할머니는 한결이와 한국이가 오면 먹을 것을 잔뜩 내놓는다. 찐 옥수수, 감자, 고구마, 떡, 부침개 등 먹을거리가 쉴새없이 나온다.

하루 종일 먹고, 뛰어놀고, 또 먹고, 또 뛰어놀다 보면 여기보다 더 즐겁고 신 나는 곳이 없다.

한결이는 눈을 비비고 부엌으로 갔다.

"팥죽은 언제 먹어요?"

어젯밤 할머니가 '내일은 팥죽 먹는 날'이라고 했다. 무슨 일인지는 몰라도 꼭 팥죽을 먹어야 한다는 것이다.

한결이는 팥죽을 좋아한다. 어쩌다 엄마가 시장에서 사다 주는 팥죽도 바닥을 싹싹 훑어 먹을 정도로 맛있게 먹는다.

할머니는 한결이를 보더니 인자한 미소를 지어 보이며 말했다.

"조금만 기다려. 조상님들 먼저 드시고 줄 테니까."

조상님들? 한결이는 눈을 동그랗게 뜨고 할머니를 보았다. 할머니는 커다란 솥에서 부글부글 끓고 있는 팥죽을 커다란 국자로 휘휘 젓고 있었다.

드디어 팥죽이 완성되었다. 한결이는 그릇을 들고 서서 할머니가 팥죽을 떠 주기를 기다렸다. 그런데 이상한 일이 일어났다. 할머니가 팥죽을 떠서 집 주위에 휘휘 뿌렸다. 집 기둥에도 담에도 문에도 벽에도 붉은 팥죽을 뿌렸다.

그뿐만이 아니었다. 팥죽을 여러 그릇에 담아 장독대에도 놓아 두고, 헛간, 작은 방, 큰 방에도 놓아 두었다.

한결이는 이제나저제나 팥죽을 먹게 될까 기다리다 짜증이 났다.

"할머니, 도대체 저는 팥죽 언제 주실 거냐구요?"

한국이도 어느새 그릇과 숟가락을 들고 할머니를 졸졸 따라다녔다.

할머니가 웃으며 말했다.

"아이구, 우리 손자 팥죽 먹고 싶었구나. 이제 다 됐다."

할머니는 드디어 식구들 팥죽을 그릇에 퍼 담았다. 할아버지 것부터 나이 순서대로 담았다. 한결이는 자기 그릇에 가득 담긴 팥죽을 보자 화가 스르르 풀렸다.

"뜨기우니께 친친히 머이. 특히 새알심은 다 식으면 믹고."

한결이는 그릇에 담긴 팥죽을 휘휘 저어 보았다. 새하얗고 동글동글한 새알심이 팥죽 안에 들어 있었다. 한결이는 새알심을 특히 좋아한다. 항상 팥죽을 먹을 때는 새알심은 아껴 두었다가 맨 나중에 먹는다.

온 가족이 둘러앉아 팥죽을 맛있게 먹었다. 팥죽을 먹다 말고 한국이가 물었다.

"근데요, 왜 팥죽을 여기저기 막 뿌리고 다니는 거예요?"

한국이의 느닷없는 질문에 식구들은 일제히 웃음을 터트렸다. 무뚝뚝한 할아버지도 슬며시 웃었다.

팥죽 속 새알심의 정체 185

할머니가 부드러운 목소리로 말했다.

"팥죽이 나쁜 액을 모두 몰아내고 잡귀신을 모두 내쫓기 때문이지."

"나쁜 액이 뭔데요?"

또 한국이의 꼬리에 꼬리를 무는 질문공세가 이어졌다. 하지만 할머니는 조금도 귀찮아하지 않는 표정으로 말했다.

"사람을 괴롭히는 나쁜 기운이나 고통, 병 같은 걸 모두 액이라고 한단다."

"그런데 왜 팥죽을 떠다 장독에도 놓고 방이나 헛간에도 놔두는 거에요?"

"그것도 팥죽을 뿌리는 것과 비슷하단다. 내년 일년 잔병이 없고 나쁜 귀신을 몰아내 달라고 여러 신들께 빌기 위해 놓아 두는 거지."

설명을 들으며 팥죽을 먹으니까 팥죽이 더 맛있었다.

한국이의 질문은 끝이 없었다.

"그럼 언제부터 팥죽을 먹었는데요?"

그건 한결이도 궁금했다. 할머니는 난처해하는 얼굴로 고개를 갸우뚱거렸다.

"글쎄다. 나 어렸을 때부터 그냥 동짓날에는 팥죽을 먹어 왔는데

언제부터 먹었는지 모르겠는걸?"

엄마가 빙긋 웃고 나서 말했다.

"옛날 중국 진나라 때 공공이란 사람에게 아들이 있었어. 그 아들은 매일 말썽만 피우고 놀기만 해서 구박만 받았지. 그런데 동짓날 공공의 아들이 그만 죽어 버렸단다. 그 아들의 넋은 천연두 귀신이 되고 말았어. 천연두는 남에게 전염이 되는 아주 몹쓸 전염병이지. 공공은 아들의 넋 때문에 천연두가 나도는 것을 원치 않았어. 그래서 평소 아들이 싫어하던 팥죽을 쑤어 집 주위에 뿌렸지. 아들 넋은 팥죽을 보고 무서워 도망갔다는 전설이 있단다."

한국이가 두 눈을 동그랗게 뜨고 물었다.

"그럼 팥죽 먹으면 병에 안 걸려요?"

그때까지 묵묵히 팥죽을 먹고 있던 아빠가 말했다.

"우리 한국이 한 그릇 더 먹고 싶니?"

한국이가 고개를 절래절래 흔들었다.

팥죽을 다 먹고 나자 할머니가 웃으며 말했다.

"우리 한결이 한국이 이제 동지팥죽을 먹었으니까 한 살 더 먹었네."

한국이가 두 손을 내저으며 말했다.

"할머니, 떡국 먹어야 한 살 더 먹어요. 이건 팥죽이잖아요."

할머니가 빙그레 웃으며 말했다.

"동지는 작은 설이라고 한단다. 그래서 동지팥죽을 먹으면 한 살 더 먹는다고 하지."

한결이는 나이를 한 살 더 먹는 게 억울했다. 이럴 줄 알았으면 팥죽 먹지 않는 건데.

상을 치우고 나서 할아버지가 새 달력을 펼쳐 놓으셨다. 그 달력에는 큰 숫자 밑에 작은 숫자들이 써 있었다. 그리고 숫자 밑에는 작은 글씨들이 써 있었다.

한국이가 작은 글씨를 읽었다.

"입춘, 우수, 경칩, 춘분, 청명, 곡우, 입하, 소만, 망종, 하지, 소서."

한국이가 글씨를 읽다 말고 얼굴을 찡그리며 말했다.

"할아버지, 큰 숫자 밑에 있는 작은 숫자는 뭐예요? 왜 이런 글씨들이 써 있는 거예요? 왜 할아버지 달력은 이렇게 복잡해요?"

할아버지가 모처럼 허허, 웃으시고 나서 말했다.

"그 녀석, 궁금한 게 많으니까 배도 쉽게 고프겠다. 여기 큰 숫자는 양력이고 작은 숫자는 음력이야. 그리고 뭐 물어봤지? 아, 이 글씨

들? 이건 24절기를 나타내는 거란다. 우리 조상들은 이 24절기에 맞춰 농사를 지었지. 동지는 24절기 중 하나야."

한국이의 궁금증은 끝이 없었다.

"24절기가 뭔데요? 왜 24절기에 맞춰서 농사를 지었어요? 또 양력은 뭐고 음력은 뭐예요?"

"아이구, 골치야. 바둑이나 두러 가야겠다."

할아버지는 집요한 한국이의 질문을 피하기 위해 자리에서 일어나 동네 경로당으로 나가 버렸다.

할머니가 팥죽 그릇이 놓인 쟁반을 한국이에게 주며 말했다.

"팥죽을 저 옆집 할머니 댁에 갖다 드리고 오너라. 동지팥죽은 이웃과 나눠 먹어야 하는 법이거든."

한국이는 심심하던 차에 잘 됐다면서 쟁반을 들고 옆집으로 갔다. 한결이도 따라갔다. 중간쯤 갔을 때 한국이가 주머니에서 뭔가를 꺼냈다. 작고 하얗고 동글동글한 물건이었다. 한국이는 그것을 팥죽 속에 풍당 넣었다.

한결이가 물었다.

"그게 뭐야?"

한국이가 의기양양하게 대답했다.

"응, 어제 산에서 주운 새알이야. 팥죽에 이런 거 많이 들었잖아. 옆집 할머니 새알 많이 드시라고."

한결이는 비명을 질렀다.

"맙소사. 한국아, 팥죽 속에 들어 있는 건 새알이 아니라 새알심이야. 찹쌀로 만든 거라고!"

태양의 움직임에 따라 만든 24절기

예로부터 우리 민족은 농경문화를 기반으로 농사를 지어 왔어요.

농사를 짓기 위해서는 씨를 뿌리고 추수를 하기에 가장 좋은 날씨를 알아야 해요. 당연히 계절의 변화에 민감할 수밖에 없었지요.

조상들은 저마다 지혜로운 방법으로 농사를 지었어요. 하늘의 별자리를 보면서 일년의 일기를 점쳤고, 바람과 구름, 하늘을 보며 그 날의 날씨를 점쳤어요.

계절을 알기 위해 별자리의 운행을 살폈어요. 한국과 중국에서는 달을 기준으로 한 달력을 사용해 왔는데 이것을 음력이라고 해요.

음력은 달의 움직임을 바탕으로 만들었어요. 음력은 달의 변화에 따라 한달을 정하는 방법이에요. 하지만 농경사회는 달만으로는 부족함이 많았어요. 계절 변화는 해의 움직임에 따라 결정되었거든요. 그래서 해의 움직임을 따라 달력을 만들었는데 이것이 양력이에요.

해와 달의 움직임을 함께 한 달력이 필요했는데 이것이 바로 태음태양력이에요. 실제로 지금까지도 우리가 사용하는 달력이 태음태양력이에요. 태음태양력에는 24절기가 있는데, 24절기는 태양의 운동을 바탕으로 정한 거예요.

해가 움직이는 1년 동안의 길, 즉 지구의 공전으로 해의 위치가 하루에 1도씩 이동해 생기는 길을 '황도'라고 해요. 이 황도를 따라 동쪽으로 15도 간격으로 나누어 24점을 정하는데, 태양이 이 24개의 각 지점을 지나는 시기가 24절기예요.

예를 들어 이 황도가 0일 때는 해가 남쪽에서 북쪽으로 향해 적도를 통과하는 점에 있을 때인데 이때가 '춘분'이에요. 해가 15도 움직일 때는 '청명'이고 계속해서 15도 이동하면 '곡우'가 돼요. 마지막으로 345도 되는 지점을 통과하는 순간은 경칩이에요.

하지만 24절기의 날짜는 하루 정도 변하기도 하고 중국의 화북 지방 기후를 기준으로 하기 때문에 우리나라 기후와는 약간 차이가 날 수도 있어요.

동지는 '아세'라고 해서 작은 설날로 불렸어요. 그만큼 우리 조상들은 동지를 중요한 명절로 생각했던 거예요. 설날에는 떡국을 먹지만, 동지에는 팥죽을 먹어요. 붉은색인 팥으로 쑨 팥죽을 먹은 이유는 잡귀가 붉고 밝은 것을 싫어해 접근하지 못하도록 하기 위해서예요.

 **입춘에서 대한까지**

♣ 봄

　입춘(立春) : 양력 2월 4일. 봄의 시작

　우수(雨水) : 양력 2월 19일. 봄비가 내리고 싹이 틈

　경칩(驚蟄) : 양력 3월 5일. 개구리가 겨울잠에서 깸

　춘분(春分) : 양력 3월 20일. 낮이 길어지기 시작

　청명(淸明) : 양력 4월 4일. 봄 농사 준비

　곡우(穀雨) : 양력 4월 20일. 농삿비가 내림

♣ 여름

　입하(立夏) : 양력 5월 5일. 여름의 시작

　소만(小滿) : 양력 5월 21일. 본격적인 농사의 시작

　망종(芒種) : 양력 6월 5일. 씨뿌리기

　하지(夏至) : 양력 6월 21일. 낮이 연중 가장 긴 시기

　소서(小暑) : 양력 7월 7일. 여름 더위의 시작

　대서(大暑) : 양력 7월 22일. 더위가 가장 심한 시기

♣ 가을

　입추(立秋) : 양력 8월 7일. 가을의 시작

　처서(處暑) : 양력 8월 23일. 더위 가고, 일교차가 커짐

　백로(白露) : 양력 9월 7일. 이슬이 내리는 시작

　추분(秋分) : 양력 9월 23일. 밤이 길어지는 시기

　한로(寒露) : 양력 10월 8일. 찬 이슬이 내리기 시작

　상강(霜降) : 양력 10월 23일. 서리가 내리기 시작

♣ 겨울

입동(立冬) : 양력 11월 7일. 겨울의 시작

소설(小雪) : 양력 11월 22일. 얼음이 얼기 시작

대설(大雪) : 양력 12월 7일. 겨울 큰 눈이 옴

동지(冬至) : 양력 12월 21일. 밤이 연중 가장 긴 시기

소한(小寒) : 양력 1월 6일. 겨울 중 가장 추운 때

대한(大寒) : 양력 1월 21일. 겨울 큰 추위

24절기 중에서 가장 좋아하는 절기를 적고 그날 무엇을 하는지 적어 보세요.

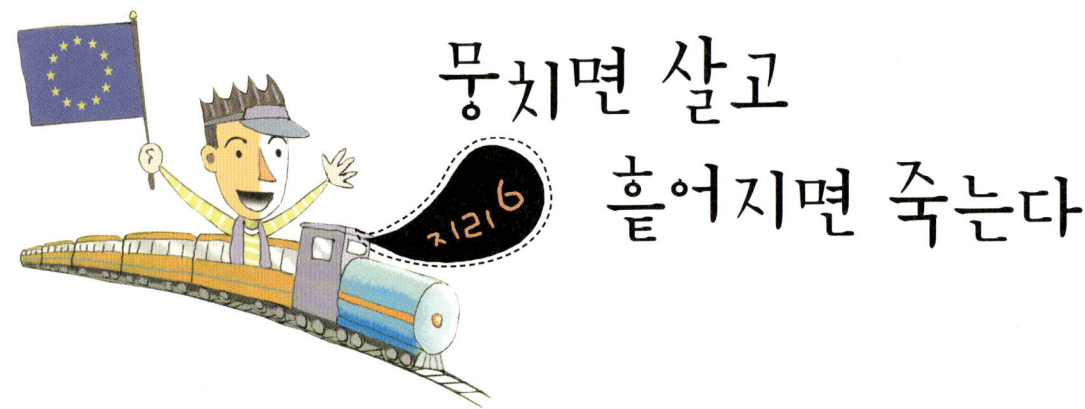

뭉치면 살고 흩어지면 죽는다

유럽 연합

++
++
++

학교가 끝나고 집에 와 보니 반가운 편지가 와 있었다. 영민이한테서 온 편지였다.

영민이는 한결이의 둘도 없는 단짝 친구였다. 유치원 때부터 작년, 그러니까 영민이가 한국을 떠날 때까지 한시도 떨어져 본 적이 없다.

함께 지낸 시간이 많은 만큼 싸우기도 많이 싸웠다. 그런 영민이가 어느 날 가족과 함께 일년 동안 세계 여행을 한다고 했을 때 한결이는 그 말을 믿을 수가 없었다.

연구원인 영민이 아빠는 큰 프로젝트를 성공해 일년 간 휴가를 얻었다. 평소에 가족과 함께 세계 여행을 다니는 게 꿈이었던 영민이 아빠는 가족과 함께 세계 여행길에 나섰다. 기간은 일년. 영민이는 일년 동안 휴학하기로 했다. 일년 동안 학교에서 배우는 것보다 세계를 돌며 배우는 것이 훨씬 더 값지고 배울 게 많다는 게 그 이유였다.

한결이는 영민이가 한없이 부러웠다. 아빠에게 우리도 세계 일주를 떠나자고 말해 봤지만, 그런 쓸데없는 소리 할 시간에 공부나 하라는 핀잔만 들었다.

한결이는 반갑고 들뜬 마음에 편지를 뜯었다. 자고 깨알 같은 글씨로 쓴 편지가 무려 열 장도 더 들어 있었다.

한결이는 편지를 읽기 시작했다.

200*년 8월 1일

드디어 우리는 유럽에 도착했어. 유럽에 와 보는 게 꿈이었던 엄마가 가장 좋아했지.

우리는 유로패스를 끊고 본격적으로 유럽연합 국가들을 둘러보기로 했어.

유럽연합은 너도 알 거야. 유럽의 27개 나라가 경제와 군사, 정치를 통합하기 위해 만든 하나의 나라. 그게 바로 유럽연합이잖아.

참, 유로패스가 뭔지 아니? 나도 몰랐는데 유로패스를 끊으면서 아빠가 설명해 줘서 알았어. 유로패스는 유럽에 있는 17개 나라의 철도를 자유롭게 몇 번이고 이용할 수 있는 기차표야.

한 국가도 아니고 17개나 되는 나라 철도를 이용하는데 기차표 한 장이면 된다는 게 신기하지 않니?

우리는 이제부터 유럽연합 나라들을 여행하게 될 거야.

지금은 독일에서 오스트리아로 가는 기차 안이야. 방금 전 오스트리아 국경을 통과했어. 이렇게 다른 나라 국경을 통과한다는 게 믿어지지 않아. 유럽연합 국가들은 다 이래. 그냥 무사 통과!

아빠는 국경을 넘을 때, 우리나라도 북한 땅을 이렇게 자유롭게 왕래할 수 있으면 얼마나 좋을까? 하고 말씀하셨어. 지금은 아무나 갈 수 없지만, 언젠가는 기차를 타고 북한 땅을 여행해 보고 싶어. 서울

에서 출발한 기차가 북한을 지나 만주벌판을 지나 유럽까지 달린다면 얼마나 신날까?

200*년 8월 3일

한결아, 안녕.

학교에서 '유럽연합'에 대해서 배울 때는 잘 이해하지 못했는데 여기 와서 보니까 그냥 이해가 돼. 특히 각 나라마다 돌아다니며 물건을 살 때는 이곳이 하나의 나라라는 게 실감이 난다.

유럽연합에서는 단일화폐를 쓴다는 거 알고 있지? 그 단일화폐가 유로화라는 것도 똑똑한 내 친구 한결이는 이미 알고 있을 거야.

유로화는 7종의 지폐와 8종의 동전으로 되어 있어. 지금은 전 세계적으로 달러화와 유로화를 공용화폐로 가장 많이 사용하고 있어. 물론 이곳에서는 달러화보다 유로화가 훨씬 더 인기가 좋아.

프랑스, 독일, 이탈리아, 룩셈부르크, 네덜란드, 그리스, 포르투갈, 핀란드, 오스트리아 같은 나라들을 여행할 때는 돈을 바꿀 필요가 없어. 어딜 가든 유로화만 있으면 되거든. 만약 유로화가 없었다면 각 나라를 여행할 때마다 그 나라 돈으로 바꿔야 했을 거야. 우리 같은 여행객들한테는 얼마나 편리한지 몰라.

물론 여행객들 편리하라고 유로화를 만들지는 않았을 거야. 유럽연합이 세계 속에서 경제 대국으로 우뚝 서기 위해 했던 거지.

오늘은 작은 실수를 했어. 음료수를 사고 동전을 내고 나오는데 가게 주인이 막 나를 부르는 거야.

가게 주인은 내가 낸 동전을 가리키며 막 뭐라고 했어. 말을 알아들을 수는 없었지만 잘못 냈다는 뜻인 거 같았어. 자세히 보니 동전 속에 낯익은 동전이 한 개 들어 있더라. 바로 우리나라 100원짜리 동전이었어. 우리나라 돈은 여기서는 전혀 쓸모가 없어. 다시 유로화 동전을 건네 주는데 왠지 모르게 서럽더라. 우리나라도 강대국이 돼서 우리나라 돈이 공용화가 되면 얼마나 좋을까?

200*년 8월 15일

오늘 한국은 광복절이지?

멀리 떨어져 있지만 우리 가족은 태극기를 보며 광복의 의미를 되새겨 보았단다. 한국에 있을 때는 몰랐는데 이렇게 외국을 돌아다녀 보니 새삼 우리 대한민국이 얼마나 소중한 나라인지 알게 됐어. 그래서

외국에 나가면 모두 애국자가 된다고 하나 봐.

우리 가족은 손에 태극기를 한 개씩 들고 거리를 걸었어.

유럽연합 국기는 푸른색 바탕에 열두 개의 별이 그려져 있어. 열두 개의 별은 정치적으로는 아무 상관이 없어. 단지 12라는 숫자가 유럽 문화와 전통에서 아주 중요한 의미를 갖고 있다고 해.

12개의 별자리, 12시간, 12달, 성경의 12사도, 그리스 신화의 올림피아 12신, 로마법 12조 등 유럽은 유독 12라는 숫자와 연관이 많아.

우리는 지금 유럽연합 본부가 있는 벨기에 브뤼셀을 여행 중이야.

유럽연합 본부에도 가 봤는데, 유럽연합기가 걸려 있는 게 인상적이었어.

200*년 9월 10일

오랜만에 편지를 쓰는구나. 우리는 지금 영국 런던에 왔어.

유럽연합 국가중 마지막으로 들른 나라야.

영국은 유럽연합을 탄생시킨 일등공신이기도 해. 1946년 영국 수상 윈스턴 처칠이 스위스의 취리히에서 유럽에 관한 연설을 했거든. 이 연설에서 윈스턴 처칠은 유럽에 국제연합과 비슷한 기구가 필요하다고 주장했어.

그 당시 유럽은 1, 2차 세계 대전으로 모든 유럽 국가들이 힘을 잃었어. 미국이 세계 최강이 되었지. 유럽의 작은 국가들은 미국에 상대가 되지 않았어. 유럽의 여러 나라들이 하나로 합친다면 상대가 될 수 있지만 말야.

많은 국가들이 강한 유럽을 만들자는 윈스턴 처칠의 말에 동의했어. 그래서 유럽연합이 탄생하게 된 거야.

결과는 어떻게 됐을까? 너도 알겠지만 지금 유럽연합은 세계 경제를 좌지우지할 만큼 막강해졌어.

이럴 때 이승만 전 대통령의 말이 생각나는 건 왜일까?

'뭉치면 살고 흩어지면 죽는다.'

한결아.

나는 유럽연합을 여행하면서 우리나라의 현실을 생각했어. 작고 조그만 나라가, 그것도 반으로 나뉘어져 있다는 건 우리 민족으로서는 큰 비극이야. 여기 유럽연합은 서로 다른 나라인데도 하나로 합치는데 왜 우리 민족은 같은 민족인데도 나뉘어졌을까? 우리가 북한과 힘을 합친다면 세계 최강의 나라도 될 수 있을 텐데. 빨리 통일이 됐으

면 좋겠다고 생각했어.

역시 외국에 나오면 애국자가 된다더니, 결국 우리나라 얘기로 편지를 마무리하게 됐군.

이제 유럽을 떠나 우리는 멀리 아메리카 대륙으로 건너갈 거야. 아메리카에 가서도 계속 소식 전할게.

다시 만날 때까지 안녕.

유럽에는 국경이 없다?

　제1, 2차 세계 대전을 거치면서 유럽은 전쟁터가 됐어요. 많은 나라들이 전쟁에 신음해야 했어요. 이 두 전쟁으로 미국의 힘은 상대적으로 막강해졌어요. 미국이 세계 최강대국으로 올라선 거예요.

　그러자 유럽 몇몇 나라 대표들이 모여서 미국에 대항하려면 힘을 모아야 한다는 데 동의했어요. 유럽의 각 나라들은 작고 경제력도 약하지만 여러 나라가 하나로 합치면 미국에 대항할 만큼 강해진다고 판단했던 거예요.

　1951년 4월 18일, 프랑스, 서독, 이탈리아, 벨기에, 네덜란드, 룩셈부르크 등 6개 나라가 모여서 석탄 및 철강석 채굴에 관한 조약을 맺었어요. 이 조약이 맺어지면서 이 6개 나라는 유럽내에서 석탄과 철광석 시장권을 거의 장악하게 되었지요.

　이들 6개 나라는 5년 뒤인 1956년 로마조약을 맺었어요. 6개 나라가 국경을 초월해 서로 자유롭게 무역을 하기 위해서예요.

　그 후 유럽의 15개국이 시장을 통합한 유럽공동체(EC)를 결성했어요. 회원국들끼리는 세금을 매기지 않아 서로 활발하게 무역을 하기 위해서였어요.

　시장 통합에 한걸음 더 발전해서 유럽연합 즉 EU를 결성했어요. 유럽연합은 경제뿐 아니라 정치, 군사를 통합한 것을 의미해요. 유럽의 여러 나라가 하나의 거대한 나라가 된 셈이지요.

　유럽연합은 화폐도 하나로 통일했어요. 2002년 1월부터 사용하기 시작한 유럽연합 화폐 이름은 '유로화'로 현재 달러화와 함께 공용화폐로 사용되고 있어요.

　유럽연합 나라들끼리는 서로의 나라를 여행할 때 여권을 검사하지 않아요. 어느 나라든 물자와 사람들이 자유롭게 왕래할 수 있지요. 서로 물건을 수출하거나 수입할 때도 세금을 매기지 않아요. 그래서 더욱 활발한 교역이 이루어질 수 있어요.

　유럽 통합은 유럽에 있는 약한 나라들을 보호하면서도 미국 같은 강대국에 맞서 경쟁할 수 있는 체제가 확립됐어요.

　각 회원국들은 하나하나 독립된 국가이지만 '유럽연합'이라는 이름으로 뭉칠 때는 어마어마한 힘을 발휘해요. 이제 유럽연합은 세계 어느 나라도 상대하지 못할 만큼 강해졌어요.

　'뭉치면 살고 흩어지면 죽는다'는 말을 실천한 셈이에요.

TIP 유럽연합의 역사

1958년 – 유럽 경제 공동체(EEC)가 프랑스·독일·이탈리아·네덜란드·벨기에·룩셈부르크 등 6개국으로 출범
1967년 – 유럽 공동체(EC) 설립
1973년 – 유럽 공동체에 덴마크·아일랜드·영국 가입
1981년 – 그리스 가입
1986년 – 포르투갈·스페인 가입
1993년 – 유럽연합(EU) 설립
1995년 – 오스트리아·핀란드·스웨덴 등 가입
2004년 – 폴란드·헝가리·체코·슬로바키아·슬로베니아·리투아니아·라트비아·에스토니아·키프로스·몰타 등 10개국 가입
2007년 – 불가리아·루마니아가 새로 가입함으로써 가맹국 수가 총 27개국으로 늘어남

♣ 유로화 사용 국가(12개국)

오스트리아, 벨기에, 핀란드, 프랑스, 독일, 아일랜드, 이태리, 룩셈부르크, 네덜란드, 포르투갈, 스페인, 그리스

♣ 유로화를 사용하지 않는 국가

영국, 스위스, 스웨덴

아시아는 왜 유럽연합처럼 하나로 합칠 수 없는지 생각해 보고 써 보세요.

앗! 땅이 흔들린다

지진?

지진

++
++
++

갑자기 몸이 잠깐 흔들렸다. 한결이는 자기도 모르게 양 손으로 책상을 움켜잡았다. 아주 짧은 순간이었지만 분명히 몸이 흔들리는 충격을 느꼈다.

잠시 정신을 차리고 주위를 둘러보았다. 반 아이들도 모두 놀란 얼굴로 서로를 보고 있었다.

누군가 갑자기 소리쳤다.

"지진이다!"

교실 안이 아수라장이 되었다. 여자 아이들은 책상 밑으로 들어가 숨었고, 겁 많은 여자 아이는 울음을 터트렸다. 남자 아이들은 뭐가 그리 신이 나는지 목청을 높여 떠들어 댔다.

선생님의 설명은 아이들을 더 공포로 몰아 넣었다.

"여러분이 방금 경험한 건 지진이 틀림없어요. 이제 우리나라도 지진에서 안전하다고 말하기 어려워졌어요. 1990년대 들어 지진 발생 횟수가 늘어나고 있거든요. 우리나라는 일년에 20회 정도 지진이 일어난다고 해요. 전문가들은 21세기에 한반도에 강력한 지진이 일어

날 가능성이 높다고 했어요. 우리나라를 비롯한 극동지역이 지진 활동기에 들어섰기 때문이죠. 자, 이제 우리도 지진에 대비한 대비책을 세워야 해요."

창수가 울 것 같은 얼굴로 말했다.

"선생님은 좋겠어요."

선생님이 창수를 보더니 물었다.

"왜?"

"선생님은 살 만큼 사셨잖아요. 우린 뭐예요? 아직 어린데 지진 나서 죽으면 어떡해요?"

창수 말에 침울했던 교실 안이 또다시 한바탕 난리가 났다. 아이들이 책상을 치며 웃고 있는데 선생님이 씁쓸한 미소를 지으며 말했다.

"흠……. 오래 살아서 미안하구나."

수업 시간이 끝나자 일본에서 일년 동안 살다 온 동혁이가 무슨 독립투사라도 되는 것처럼 큰 소리로 말했다.

"내가 일본에서 살 때 비하면 이런 지진은 새발의 피야."

아이들이 우르르, 동혁이 쪽으로 모여들었다.

동혁이는 신이 나서 떠들어 댔다.

"내가 고베에 살 때였어. 어느 날 밥을 먹고 있는데 온 세상이 갑자기 흔들리기 시작하는 거야. 꼭 버스를 탔는데 높은 곳에서 낮은 곳으로 갑자기 곤두박질치는 느낌이었지. 아빠 엄마도 너무 놀라서 한 몇초 동안은 서로 얼굴만 마주보고 있었어. 아빠가 정신을 차리고 모두 대피하라고 소리쳤어. 우리 세 식구는 총알처럼 피난처로 대피했지. 일본에는 동네마다 피난소가 있어. 또 지진에 대비한 교육도 철저하게 받고 있지. 모든 국민이 지진 박사쯤 될 정도로 지진에 관해서라면 아주 잘 알고 있어. 일본은 일년에 지진이 백 번 정도 일어날 정도로 지진이 많이 일어나."

창수가 물었다.

"지진이 나면 어떻게 해야 돼?"

동혁이는 책을 읽어 내려가듯이 줄줄 말했다.

"지진이 발생하면 절대 당황하지 말고 즉시 엎드리거나 단단한 물건을 붙잡아야 돼. 전등이나 가스렌지는 확실하게 꺼야 하고, 문이 뒤틀려 열리지 않을 수도 있으니까 재빨리 문을 열어 탈출할 준비를 해야 돼. 불이 나면 재빨리 소화기로 불을 꺼야 대형 화재를 막을 수 있어. 되도록 지진이 끝날 때까지 밖으로 뛰어나가지 말고 만약 밖으

로 피했을 때는 유리창이나 간판이 떨어져 다칠 수가 있으니까 주의해야 돼."

모두들 동혁이 말에 감탄한 표정이었다. 창수는 종이에 동혁이 말을 받아 적기까지 했다.

창수가 다시 물었다.

"근데 일본은 왜 그렇게 지진이 많이 일어나는 거야?"

그때 한결이가 재빨리 대답했다.

"일본은 환태평양 조산대에 속해 있어서 그래. 여러 개의 판이 부딪히면서 판 경계 부분이 지각 변동을 일으켜 지진이 일어나지."

동혁이도 고개를 끄덕였다.

그날 하루 학교는 온종일 지진 이야기로 떠들썩했다.

집에 돌아와서도 마찬가지였다. 저녁 뉴스에 오늘 지진에 대한 소식이 첫 번째로 나왔다.

아빠와 엄마도 낮에 있었던 일을 얘기해 주었다.

지진이 일어난 그 시간 아빠는 회사에서 회의를 하고 있었다. 갑자기 앞에 놓인 커피잔이 흔들리면서 몸도 따라서 흔들렸다. 아빠는 건물이 무너지는 줄 알고 식은땀이 흘렀다고 한다.

앗! 땅이 흔들린다

엄마는 그 시간 헬스장에서 러닝머신 위에서 운동을 하고 있었다. 러닝머신 위라서 진동은 못 느꼈지만, 다른 운동을 하고 있던 사람들 사이에서 한바탕 소란이 일어났다고 한다. 역기를 들던 한 아저씨는 너무 놀라서 역기를 놓치는 바람에 팔을 삐었다고 한다.

한국이는 아빠 엄마 얘기를 듣고 있더니 천진난만한 얼굴로 말했다.

"지진 또 일어났으면 좋겠다. 재밌다."

한결이는 철없는 한국이 머리를 콩 쥐어박았다. 한국이가 울고불고 한바탕 난리를 피웠다.

그날 밤 한결이는 불안해서 잠이 오지 않았다.

2008년 5월 12일. 중국의 쓰촨성이란 곳에서 규모 8.0의 강진이 일어났다. 건물들이 거의 전부 무너지고, 마을 사람 대부분이 죽었다. 학교가 무너져 학생들이 건물에 깔려 죽기도 했다. 정말 끔찍한 지진참사였다. 쓰촨성이라는 지역 전체가 사라져 버린 것이다.

학교에서 공부하고 있던 아이들은 지진이 일어나기 1초 전까지만 해도 학교가 무너질 것이라는 사실을 몰랐을 것이다. 갑자기 당한 참사에 미처 대비할 틈도, 여유도 없었을 것이다.

뉴스에서 본 쓰촨성은 정말이지 눈 뜨고는 볼 수 없을 정도로 처참

했다. 지진이 올 것을 미리 짐작하지 못한 사람들은 졸지에 목숨을 잃었다. 가족이나 재산도 잃었다.

그리고 5년이 지난 2013년 4월 20일에도 규모 7.0의 강진이 일어나 많은 피해를 입었다.

한결이는 잠이 들지 못하다 겨우 잠이 들었다. 하지만 금세 잠에서 깼다. 악몽을 꿨기 때문이다. 꿈속에서 한결이는 대지진을 만났다. 갑자기 집 천정이 무너져내렸고, 한결이는 건물더미 속에 갇혀 버렸다.

'으으, 으으.'

살려 달라고 비명을 지르고 싶었지만 목소리가 나오지 않았니. 이러다 죽는구나, 하는 생각이 들었다. 겨우 잠에서 깨어 보니 한국이 발 하나가 한결이 목 위에 척 걸쳐져 있었다.

지진에 대한 불안과 공포는 날이 갈수록 계속되었다. 중국과 일본도 큰 지진이 일어나는데 우리나라라고 해서 일어나지 말라는 법은 없었다.

한결이는 굳게 다짐했다.

'아무래도 안 되겠어. 나라도 지진 대비책을 세워야지.'

며칠 뒤 냉장고를 열어 보던 엄마가 고개를 갸우뚱거리며 중얼거렸다.

'이상하다. 참치캔이 분명 남아 있었는데.'

그 다음 날 싱크대를 뒤지던 엄마가 또다시 중얼거렸다.

'이상하네. 분명히 라면이 몇 개 있었는데.'

그런 이상한 일은 계속 일어났다. 어떤 날은 쌀이 반이나 줄었고, 또 어떤 날은 고추장 항아리에서 고추장이 반이나 줄었다. 집 안에 있는 식료품들이 조금씩 조금씩 없어지고 있었던 것이다.

지하실 대청소를 하던 날, 모든 의문이 풀렸다. 지하실은 쓰지 않는 물건이나 잡동사니를 보관해 두고 있었다. 지하실을 청소하던 아빠가 박스에 물건들을 가득 담아 가지고 올라왔다. 박스 안에는 라면과 참치캔, 곰팡이가 핀 쌀과 싹이 난 감자, 고추장과 된장이 담긴 병, 잼 등의 물건들이 가득 담겨 있었다.

박스를 내려놓고 나서 아빠가 한마디 했다.

"아무래도 우리 집에 생쥐 한 마리가 사나 봐."

엄마가 의미심장한 표정으로 한결이를 노려보았다. 한결이는 기어 들어가는 목소리로 말했다.

"지진 나면 지하실로 피신하려고 비상 식량을 모아 둔 거란 말이에요. 지진 대비책을 세워야죠."

한반도는 지진으로부터 안전하지 않다

지금까지 우리는 지진이 다른 나라에서나 일어나는 일로만 여겨 왔어요. 중국이나 대만, 일본 등지에서 큰 지진이 일어났지만, 우리나라에서는 큰 지진이 일어나지 않았기 때문이에요.

하지만 전문가들은 우리나라도 지진으로부터 안전한 곳이 아니라고 주장하고 있어요.

실제 한반도에서 지진이 일어났던 사례가 여러 문헌에 남아 있어요. 오래전부터 지진이 발생했지만 그 피해가 적었을 뿐이에요.

문헌에 의하면 삼국 시대에는 102회, 고려 시대에는 169회를 비롯해 한반도에서 모두 2,500여 회의 지진이 발생했다고 해요. 특히 서기 779년 경주에서 발생한 지진으로 100여 명이나 사망했다는 기록이 있어요.

지진은 한 번 일어나면 수많은 재산과 인명을 한꺼번에 앗아가는 무서운 재난이에요. 1556년 중국 산시성에서 발생한 지진으로 83만 명이나 목숨을 잃었어요. 1737년 인도 콜카타에서 발생한 지진으로 30만 명, 1908년 이탈리아 메시나에서 발생한 지진으로 12만

명, 1920년 중국 간쑤성에서 발생한 지진으로 18만 명, 1923년 일본 간토 지방에서 발생한 지진으로 14만 3천 명, 1976년 중국 탕산 지진으로 65만 명이 목숨을 잃었고, 2008년 중국 쓰촨성에서 발생한 지진으로 8만 5천 명이 넘는 사람들이 희생되었으며, 2013년 또다시 중국 쓰촨성에서 발생한 지진으로 218명이 실종되고, 1만 5천여 명이 부상을 입었으며, 200만 명의 이재민이 발생했어요.

지진은 이제 남의 나라만의 일이 아니에요. 한반도의 지진 활동은 16~17세기에 다소 활발했어요. 그 후 18~19세기에는 정지기를 거쳤고, 20세기에 들어와 지진이 계속 발생했어요.

1996년 12월 13일, 영월에서 진도 4.5의 지진이 일어났고 1978년 10월 7일에는 홍성에서 진도 5.2의 지진이 일어났어요.

우리나라 지진 활동은 다른 나라에 비해 낮은 편이에요. 하지만 언제 다시 활발한 지진 활동이 일어날지 알 수 없어요.

지진이 많은 일본은 전 국민이 지진에 대비한 훈련을 철저히 받고 있어요. 하지만 우리나라는 지진은 물론 다른 재해에 대한 안전 불감증이 심한 것으로 나타났어요. 지금이라도 지진 등 재난에 대비한 훈련이나 준비를 철저히 해서 더 큰 피해를 줄여야 해요.

> **TIP** 지진이 났을 때는 이렇게

♣ 집이나 학교에 있을 경우
① 안에 그대로 있는다. 창문 가까운 곳을 피하고 튼튼한 책상이나 테이블 밑으로 대피한다. 책상이 없을 때는 벽에 기대 서고 목과 얼굴을 코트나 쿠션, 담요 등으로 보호한다.
② 엘리베이터 안에 갇혔을 경우 모든 층의 버튼을 누르고 가능한 한 빨리 빠져나온다.
③ 밖으로 나가기 위해 엘리베이터나 계단으로 달려가지 말아야 한다.
④ 깨지거나 쓰러질 위험이 있는 창문, 유리, 책장, 스토브, 가스 히터 주변을 피한다.
⑤ 침착하게 행동하며 절대 뛰지 말고 걸어야 한다.

♣ 밖에 있을 경우
① 빌딩이나 나무, 유리창, 전신주, 가로등이 없는 곳으로 대피한다.
② 빌딩이 많은 지역에 있을 경우 차 밑으로 숨거나 출입구 쪽으로 대피한다.
③ 쇼핑몰이나 도서관 등 인파가 많은 공공장소에 있을 때는 문쪽으로 몰려가지 말고 주변에 떨어질 물건이 많은 곳을 피한다.

♣ 차 안에 있을 경우
① 차를 길 한쪽으로 세우고(전신주나 신호등, 나무 등이 없는 곳) 차 안에 그대로 있는다.
② 만일 교량이나 터널 속에 있다면 가능한 한 빨리 벗어난다.
③ 도시 한복판에 차를 놔둔 채 빠져나가지 말아야 한다.

우리나라에서 지진이 나면 피해가 더욱 크다고 합니다.
그 이유를 적어 보세요.

이름을 바꿔 주세요

지리 8

동해? 일본해?

은행에 다녀온 엄마가 무언가 결심한 표정으로 말했다.

"참을 만큼 참았어. 이제 더 이상은 못 참아."

엄마는 찬물을 벌컥벌컥 들이켰다. 한결이는 엄마가 말하지 않아도 그 이유를 알 것 같았다. 또 엄마 이름 때문에 창피를 당한 게 뻔하다.

엄마는 엄마 이름을 세상에서 가장 싫어한다. 엄마 이름은 '김삼순'이다. 몇 년 전 텔레비전에서 '내 이름은 김삼순'이라는 드라마를

했을 때, 엄마가 얼마나 비참해했는지 아무도 모른다.

그 드라마가 시작될 때부터, 끝날 때까지 엄마는 아무도 만나지 않았다. 누군가를 만나면 틀림없이 그 드라마 얘기를 하게 될 것이고, 그렇게 되면 자연스럽게 엄마 이름 '김삼순'이 화제로 등장할 게 뻔하기 때문이다.

오늘도 병원에서 간호사가 큰 소리로 "김삼순 님, 진료실로 들어오세요." 하는 소리를 듣고는 드디어 참고 참았던 분노가 폭발하고 만

것이다.

엄마는 당장 이름을 바꾸는 개명 신청 절차를 알아보았다.

엄마의 개명 신청 얘기를 들은 아빠는 시큰둥하게 말했다.

"개똥이든 소똥이든 이름이 아무려면 어때? 사람이 중요하지."

하지만 엄마는 그 말에 발끈해서 말했다.

"당신은 이름이 얼마나 중요한지 몰라. 이름이 운명을 결정지을 수도 있다고."

아빠는 더 대수롭지 않게 말했다.

"이름은 별로 중요하지 않아. 중요한 건 사람의 됨됨이지. 이름을 바꾼다고 그 사람 됨됨이까지 변하지는 않아."

아빠와 엄마의 싸움은 계속되었다. 한결이도 아빠와 생각이 비슷했다. 이름은 별로 중요한 게 아니다. 개똥이라는 이름을 짓는다고 사람이 개똥이 되는 건 아니니까.

그런데 그런 한결이 생각은 지도 한 장을 보는 순간 확 뒤집어졌다.

유럽을 여행하던 영민이가 세계 지도 한 장을 보내 줬다. 각 나라의 도시들도 자세히 나와 있는 엄청나게 큰 세계 지도였다.

한결이는 지도를 벽에 붙여 놓고 매일 들여다보았다. 영민이가 여행했던 나라들을 찾아보는 것도 재미있었다.

지도를 한참 보고 있던 한결이는 이상한 것을 발견했다. 대한민국과 일본 사이에 있는 바다 즉, 동해가 영어로 '씨 오브 재팬(Sea of Japan)'으로 표기되어 있었던 것이다. 아무리 영어에 자신이 없는 한결이지만, 분명히 그것은 '일본해'를 뜻하는 단어였다.

한결이는 엄마에게 지도를 보여주며 물었다.

"엄마, 여긴 동해잖아요. 동해면 영어로 어떻게 써야 돼요?"

"이스트 씨(East Sea)라고 해야지. 앗, 이 지도에는 일본해로 나와 있네?"

엄마도 깜짝 놀라 지도를 자세히 살펴보았다.

한결이는 분노를 참을 수가 없었다.

"여긴 동해야. 절대 일본해가 아니라고."

엄마가 한결이를 빤히 보았다. 엄마는 뭔가 말하고 싶은 눈치였다. 한결이는 엄마 얼굴을 보았다.

"이름이 중요하지 않다면서?"

"이름이 왜 안 중요해요. 얼마나 중요한데. 만약 동해를 한국해로 지어 봐요. 일본에서 가만 있겠나."

이름을 바꿔 주세요 227

엄마가 고개를 끄덕이며 말했다.

"그러면서 자기네는 일본해로 짓고 말야. 정말 나빴어. 그런데 한결아, 이름이 뭐가 됐든 동해는 그 자리에 그대로 있잖아. 일본해라고 이름을 짓는다고 일본 바다가 되는 것도 아니잖아."

한결이는 가슴이 치고 싶었다. 이름의 중요성을 그렇게 잘 아는 엄마가 그런 생각을 갖고 있다는 게 믿어지지 않았다.

"어유, 엄마. 일본해라고 해 봐요. 일본은 동해가 일본해니까 일본해에 있는 독도도 자기네 땅이라고 더 바득바득 우길 거 아니에요."

엄마가 씽긋 웃고 나서 말했다.

"네가 아는지 모르는지 시험해 보려고 그랬어. 그래 바로 그거야. 하지만 전 세계에 있는 지도 97%에 일본해로 표기되어 있다는데 어쩌니?"

한결이는 또 한번 충격을 받았다. 그렇다면 전 세계 사람들은 동해를 일본해로 알고 있을 게 아닌가.

한결이는 침통한 표정으로 말했다.

"그동안 우리는 우물안 개구리였어요. 우리나라에서만 동해라고 부르면 뭐해요. 전 세계에서는 일본해라고 부르는데."

엄마도 어느새 얼굴에서 웃음이 사라졌다.

"내 이름 개명 신청보다 동해 이름 지키는 게 더 중요할 것 같구나." 엄마와 한결이는 뜻을 모았다. 어떻게 해서든 세계 지도에 표시되어 있는 '일본해'를 '동해'로 바꾸어야 한다고 생각했다.

한결이는 우선 지도를 보내 준 영민이에게 메일을 보냈다.

영민아.

네가 보내 준 세계 지도 잘 받아 보았어. 세계 지도를 내 방 벽에 붙여 놓고 나는 매일 너와 함께 세계 여행을 한단다. 지금쯤 너는 어느 나라를 여행하고 있을까?

세계 지도를 보며 분통이 터지는 것을 발견했어. 대한민국과 일본 사이에 있는 바다가 '동해'라는 사실을 너도 알지? 하지만 네가 보내 준 세계 지도에는 '일본해'라고 표기되어 있더라구.

엄마가 그러시는데 세계 지도의 97%가 일본해로 표기되어 있대. 그건 일본이 세계 지도를 제작하는 여러 나라에 압력을 넣어서 그렇게 표기된 거래. 하지만 너도 알겠지만 여러 나라 사이에 있는 바다는 어느 한 나라 이름을 따서 지을 수가 없어. 다른 나라 예를 들어봐도 그래. 그런데 일본은 자기네 마음대로 '일본해'라고 붙인 거야. 만약 우리가 '한국해'라고 지으면 자기네들 기분은 어떨까? 아마 난리가 나겠지?

영민아.

너는 세계를 여행하니까 많은 나라, 많은 사람들을 만나게 될 거야. 그러니까 만나는 사람한테마다 '일본해'가 아니라 '동해'라는 사실을 알려 줘.

생각해 보면 넌 걸어다니는 외교사절단 아니니. 네가 노력해 주면 세계 지도에서도 '동해'라는 이름을 찾을 수 있을 거야.

부탁한다, 친구야.

한결이는 매직팬으로 '씨 오브 재팬(Sea of Japan)'이라고 적힌 글자를 싹싹 지웠다. 그러고는 큰 글씨로 '이스트 씨(East Sea)'라고 적어 넣었다. 그러자 화가 조금은 풀렸다.

한결이는 한달 용돈을 털어 '반크' 사이트에도 가입했다. '반크'는 우리나라를 다른 나라에 알리는 사이버 민간 외교 사절단이다. '반크'는 독도가 우리 땅이라는 것을 전 세계 네티즌들에게 알리는 일을

했다. 또 동해를 전 세계에 알리는 등 잘못된 역사를 바로 알리는 데 큰 역할을 하고 있다.

한달 용돈 2만 원을 모두 '반크'에 써 버렸지만, 한결이는 마음 한쪽이 든든했다.

며칠 뒤 이상한 전화가 왔다.

"거기 김유리 님 댁이십니까?"

김유리? 처음 들어보는 이름이었다. 한결이는 잘못 걸었다면서 전화를 끊었다. 하지만 잠시 후 또다시 김유리를 찾는 전화가 왔다. 그런 사람 없다고 전화를 끊었다. 그러자 또다시 전화벨이 울리고 김유리라는 사람을 찾았다.

한결이는 화가 나서 수화기에 대고 냅다 소리를 질렀다.

"김유리라는 사람 여기 없다니까요. 그만 전화 하시라고요."

그때 화장실에서 나오던 엄마가 황급히 수화기를 빼앗았다.

"잠깐. 그거 내 전화야."

엄마는 당당하게 수화기에 대고 나긋나긋한 목소리로 말했다.

"제가 김유리라고 합니다. 실례지만 어디세요?"

이름을 바꿔 주세요 233

'동해'는 '일본해'가 아니다!

17세기에서 18세기까지 동해는 '한국해'로 쓰였어요. 그러던 중 슬그머니 '일본해'로 바뀌었어요.

1919년 일본은 런던에서 열린 국제 수로 회의에서 동해를 '일본해'로 주장했어요. 10년 뒤, 국제 수로 기구는 동해를 일본해로 표기했고, 그 뒤부터 전 세계적으로 '일본해'로 통일되었어요. 그 당시 우리나라는 일본의 식민지였기 때문에 수로 회의에 참석하지 못했고 1957년에야 가입할 수 있었어요.

우리나라는 1990년대부터 일본해를 동해로 표기할 것을 주장했어요. 하지만 일본 정부는 강력한 경제력을 바탕으로 각 나라의 지도 제작사나 교육계 등을 찾아가 동해를 일본해로 표기해 줄 것을 요청했어요. 또 이미 동해로 표기돼 있는 지도에는 일본해로 고치도록 압력을 넣거나 전문가들을 일본으로 초청하는 등 다양한 방법으로 세계 지도에 일본해를 표기했어요. 일본해를 단독으로 표기하기 위해 엄청난 예산도 확보했고요. 그 결과 세계에 있는 지도 중 97%가 일본해를 단독으로 표기했어요.

원래 양쪽 나라 사이에 있는 바다는 어느 한 나라 이름을 붙여 부르지 않는 게 국제적인 관례예요. 프랑스, 독일, 영국, 덴마크로 둘러싸인 바다는 독일해, 영국해, 덴마크해 등으로 불리다가 유럽의 북쪽에 있다는 뜻에서 '북해'라고 통일시켰어요.

일본이 동해를 일본해로 표기한 데는 동해가 독도 문제와 관련이 있기 때문이에요. 지금도 일본은 독도를 다케시마라고 하면서 일본 영토라고 주장하고 있어요. 동해가 일본해가 되면 일본 바다에 있는 다케시마도 일본 영토라고 우기기 위해서지요.

만약 동해가 일본해로 굳어지면 동해에 묻혀 있는 해양 자원을 개발할 때 일본에게 유리해져요. 한일 어업 분쟁에서도 일본은 유리한 위치를 차지할 수 있고요.

우리는 정부와 민간 모두 합심해서 동해를 일본해로 표기하지 못하도록 노력해야 해요. 그렇지 않으면 동해는 물론 독도까지도 빼앗길 수 있거든요. 다행히 우리 정부의 노력으로 전 세계 지도 중 23% 가량이 동해와 일본해를 함께 표기하고 있어요. 특히 브리태니커 백과사전이나 내셔널 지오그래픽 등에서 동해와 일본해를 함께 쓰고 있어요.

> **TIP** 한국을 바로 알리는 사이버 외교 사절단 반크

♣ 반크란?

1999년 외국 친구와의 이메일 펜팔 사이트에서 출발한 반크는 'VOLUNTARY AGENCY NETWORK OF KOREA'의 영어 약자로서 인터넷상에서 한국을 알고 싶어 하는 외국 친구들과 한인동포, 입양아들에게 이메일로 한국의 모든 것을 친절하게 알려 주는 사이버 관광 가이드이다. 동시에 한국을 모르는 전 세계 외국인들에게 한국을 바르게 알리고, 전 세계 외국인과 한국인을 대상으로 친구 맺기를 주선하는 사이버 외교 사절단이다.

♣ 반크의 '내 고장 세계화 프로젝트'

대한민국 이미지와 전국 지자체의 지역 이미지를 하나로 네트워킹하고, 전 세계 60억 외국인들에게 내 고장 시민들이 주인공이 되어 보다 친밀하고 구체적으로 한국을 알려 나가기 위한 프로젝트이다. 현재 동참하고 있는 자치 단체는 다음과 같다.

◆ 서울시

반크와 서울시가 협력하여 서울을 세계인들에게 가장 친근한 도시, 매력 있는 도시로 알려 나가기 위해 다양한 사업을 추진하고 있다. 이를 위해 우선 국내 거주 중인 외국인을 대상으로 서울의 관광, 문화 자원을 적극적으로 알려 나간다.

◆ 경상남도

반크와 경상남도는 우리나라의 대표적 영웅인 이순신 장군의 리더십과 섬김의 정신을 세계인들에게 적극적으로 알려 세계를 변화시킬 수 있는 역량을 가진 한국인의 자질과 잠재력을 널리 날리는 이순신 세계화 사업을 추진하고 있다.

◆ 청주시

청주 고인쇄 박물관은 금속활자를 세계에서 가장 먼저 개발한 한민족의 지혜와 이를 기반으로 오늘날 21세기 정보통신 대국으로 발전하고 있는 대한민국을 적극적으로 해외에 알리기 위해서, 현존하는 세계 최고의 금속활자본인 직지심경의 가치를 세계인들에게 널리 알리는 직지 세계화 사업을 추진하고 있다.

◆ 광주

반크와 광주 교육청은 빛고을 광주의 이미지를 세계인들에게 널리 알리기 위해 광주 시내 초중고교 교사들과 학생들에게 반크 활동 프로그램을 보급하여 광주시민들이 세계인들에게 광주를 널리 알려 나갈 수 있는 다양한 방법을 제공하고 있다.

♣ 반크의 '사이버 외교관 양성 사업' (일명 PRKOREA 프로젝트)

'PRKOREA 프로젝트'란 전 세계 외국인을 대상으로 한국을 홍보할 수 있는 사이버 외교관을 양성하고, 해외 친구들과 그 가족, 국가와 사회, 더 나아가 60억 인류를 대상으로 정치·경제·문화·역사·사회·관광 등 한국의 모든 이미지를 점진적으로 '친구의 나라'로 변화시키는 계획이다.

이렇게 양성된 사이버 외교관은 한국 홍보 자료 모으기 → 영어로 자기 소개, 한국 소개 → 펜팔로 한국 홍보 → 채팅방 한국 홍보 → 국제 전문가 되기 → 외신 번역하기 → 한국 오류 발견하기 → 외국 교과서 출판사에 친선서한 보내기 → 협력서한 보내기 → 교류서한 보내기 → 항의서한 보내기 → 한민족 하나되기 → 꿈 다지기 → 대한민국의 꿈 이루기 등 총 14단계의 순서로 전개된다.

♣ 반크가 일본 역사 교과서 왜곡에 대처하기 위해 하는 일

일본은 지난 1950년부터 교과서 왜곡을 통해 자라나는 일본의 다음 세대들에게 과거 일본의 아시아 침략을 합리화하고, 한국의

역사를 중국과 일본의 속국 역사로, 독도와 동해를 다케시마와 일본해로 왜곡하고 있다. 더욱더 심각한 것은 왜곡된 일본 역사 교과서 내용이 수십 년이 지나는 동안 외국 교과서로 확산되어 외국 학자들에게 진실로 알려졌고, 인터넷에까지 복제되어 전 세계 외국 학생들에게 전파되고 있다는 것이다.

◆ 일본 역사 교과서 왜곡 확산 저지 프로젝트

외국 교과서 출판사와 해외 일선 학교 교육 현장에서는 일본의 역사 교과서에 담긴 한국사관에 대해 심각한 문제의식을 느끼지 못하고 있다. 따라서 반크에서는 일본 역사 교과서가 안고 있는 왜곡에 대한 본질과 그간의 노력으로 개선된 해외 유명 출판사의 시정 성과 사례 및 외국 학자의 지지 입장을 담은 영문 자료 보내기를 진행하고 있다.

◆ 일본 초·중·고등학교와 자매결연 및 일본 국민들과의 친구 사귀기 운동

일본 정부와 왜곡된 내용을 출판하는 일본 역사 교과서와는 별개로 일본의 초·중·고등학교, 민간인들과 반크의 사이버 외교관들과의 적극적인 친선 교류를 추진한다. 이를 위해 반크의 사이버 외교관들에게 일본인들과의 적극적인 펜팔교류를 유도해 한국의 올바른 역사를 친근하게 알려나가고 있다.

◆ 영문 한국 홍보 자료 제작 사업

일본 역사 교과서의 한국사 왜곡에 대한 근원이 한국인들의 자긍심을 낮추는 식민사관이라는 점에서 볼 때, 반크에서는 세계인들에게 한국인들의 자긍심을 높일 수 있는 한국 홍보 자료를 제작해서 해외로 보급해 나간다.

따라서 반크는 5천 년 역사를 지닌 자랑스러운 한국 홍보 자료를 영문엽서, CD롬 타이틀로 제작하여 한국이 5천 년 역사 속에서 중국과 일본의 보호가 필요했던 수동적, 의존적인 나라가 아니라 적극적, 주도적인 나라였다는 사실을 전 세계에 알려 나가고 있다.

◆ 독도, 동해 영문 세계 지도 제작 및 배포 사업

지난 수십 년간 전 세계 교과서, 세계 지도책, 일선 학교 교육 현장에서 접하는 한국 지도에 동해가 일본해로 표기되고 있지만 수정되기를 기다리고 있을 뿐 적극적으로 행동하지는 않았다. 이에 반크는 동해와 독도가 단독 표기된 영문 세계 지도를 제작하여 반크와 자매결연을 맺고 있는 전 세계 학교와 외국인들에게 배포하고 있다. 그리고 해외 한인 유학생과 650만 해외 동포와 협력해 '동해·독도 표기 영문 세계 지도 외국 현지 배포 사업'을 추진해 나가고 있다. 반크는 또한 해외와 국제적으로 네트워킹이 되어 있는 국내외 여러 단체와 협력하여 반크의 세계 지도를 전 세계 모든 개인, 가정, 학교, 직장, 단체에 보급시켜 나가고 있다.

> '동해'라는 이름을 지키기 위해 우리는 어떤 노력을 해야 할지 생각해 보세요.

맺음말 한결이네 가족 그 후...

아빠 : 가끔씩 친일파 고조할아버지가 남겨 준 땅을 포기한 것을 아까워한다. 그때마다 식구들의 비난을 한몸에 받고 있다.

엄마 : 일주일에 한 번씩 정신대 할머니들을 위해 나눔의 집에 가서 봉사활동을 한다. 엄마 손은 물방울 다이아몬드 대신 물방울이 마를 날이 없다.

한결 : 지금까지 사회 점수를 50점이 넘어 본 적이 없었는데 드디어 사회 시험을 100점 받았다. 그날 집에서는 한바탕 축하 잔치가 벌어졌다. 한결이는 많은 일을 겪으면서 역사를 사랑하게 되었다.

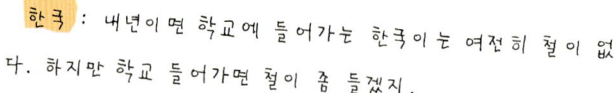

한국 : 내년이면 학교에 들어가는 한국이는 여전히 철이 없다. 하지만 학교 들어가면 철이 좀 들겠지.

독립군 증조할아버지 : 지금도 증조할아버지는 다시 태어나도 독립운동을 하실 거라고 말씀하신다.